도시

권용우 · 변병설 지음

AGIBOOKS 아지

머리말

현대 사회는 이른바 '도시의 시대'라고 할 수 있다. 오늘날 세계 인구의 절반 가량이 도시에 살고 있고, 우리나라만 해도 열 명 중 여덟 명이 도시에 산다. 2030년이 되면 50억 명이 도시에 살게 될 것이라는 연구 결과도 있다. 세계 인구의 3분의 2가 도시에 살게 되는 셈이다.

이렇게 수많은 사람들로 이루어진 도시, 사람들의 생각도 제각각 달라 같은 사안을 두고도 저마다 바라보는 시각이 다르고, 어느 쪽이 맞다 그르다 라고 단언하기 어렵다. 도시를 바라보는 관점도 마찬가지이다. 살고 싶은 도시를 만들려는 목표를 향해 어떻게 접근할 것인가에 대한 문제는 상당히 높은 수준의 이해와 합의와 교류가 필요하다. 도시의 전통을 이어 나가야 하는 것인가, 전통을 벗어나 현대를 새롭게 창조해야 하는가, 전통과 현대 의 조화를 추구해야 하는가 등 다양한 시각만큼이나 다양한 접근 방법이 제 시되고 있지만 도시가 지속 가능하고 친환경적이며 시민들이 쾌적한 삶을 즐길 수 있는 곳이어야 한다는 점만큼은 대체로 공감하고 있는 것 같다.

『도시』는 이러한 측면에서 모든 사람들이 도시를 이해하고 사랑하는 마음을 가질 수 있기를 바라는 마음으로 집필되었다. 일반인들도 쉽게 이해할 수 있도록 전문적인 내용을 쉬운 문장으로 풀어 썼으며, 사진과 그림, 도표 등 다양한 시각 자료를 활용하여 한눈에 알아볼 수 있게 했다. 도시를 구성하는 중요 요소인 주택, 일터, 교통, 환경, 경관, 문화, 관리 등 도시민의 생활 양식을 중점적으로 다루었다.

이 책은 국토지리학회가 대한주택공사의 후원을 받고 국토해양부가 감수해서 펴낸 『우리 도시 바로 알기』를 기초로 다시 쓴 것이다. 이 책의 출판을 가능하게 해 준 국토해양부의 권도엽 전 차관과 이재홍 기획조정실장에게 감사의 마음을 전한다. 그리고 한국토지주택공사의 관계자 여러분께도 고마움을 표한다.

2011년 1월
권용우·변병설

차례

1 도시 이야기

현대는 도시의 시대라 말할 수 있을 정도로 도시는 우리의 중요 활동 공간이다.
도시민뿐만 아니라 도시에 살고 있지 않은 사람들도 그 영향을 벗어날 수 없을 만큼
도시는 많은 이들의 일상생활과 밀접하게 관련되어 있다. 삶터이자 놀이터로
우리의 일상과 밀접한 관계가 있는 도시의 이야기를 만나 보자.

01

도시의 의미

도시는 우리의 중요한 활동 공간이다. 우리는 집과 학교, 직장 등에서 많은 시간을
가족과 친구 및 동료와 함께 생활한다. 이렇게 도시는 주거 및 여가 활동, 경제 활동
그리고 문화와 예술 등 각종 행위를 하는 사람들이 모여 일상생활을 영위하는 거대하고
복잡한 삶의 현장이다.

도시
상공업을 중심으로 한 경제 및
행정, 문화, 교통망, 편의 시설
등의 중심지가 되며, 인구가
집중하여 그 밀도가 현저하게 높은
지역이다.

정치 · 사회 · 경제 활동의 중심지

도시*란 무엇인가? 인류 역사는 각 시대와 지역에 따라 다양한 문명을 발
달시켰다. 그 문명의 중심인 도시의 모양 역시 다양할 수밖에 없으므로 도
시의 개념을 간단하게 정의하기는 매우 어려운 일이다. 하지만 보편적으로
말해서, 도시는 농촌과 더불어 가장 익숙한 거주 형태의 하나이며, 정치 ·
사회 · 경제 활동의 중심이 되는 장소라 할 수 있다. 예로부터 도시는 관청
이나 공공기관이 있는 행정의 중심지이자 경제 활동이 활발히 이루어지는
곳으로 시장과 무역, 금융 등이 발전해 왔다. 도시는 문화적으로도 다양한
사상과 예술이 창조되고 전달되는 중심지였는데, 이는 한정된 공간 안에
수많은 사람이 모여서 역동적으로 일상생활을 영위하는 거대하고 복잡한
유기체와 같다. 때문에 도시는 새로운 가치와 이념을 일으키고 새로운 기
술과 발명을 전파 · 확산시키는 변화의 중심지로 기능해 왔다.

인구와 기능이 밀집된 지역

도시가 촌락과 구별되는 가장 큰 특징은 한정된 공간에 인구가 밀집해 있다는 점이다. 도시는 촌락에 비해 인구 규모가 클 뿐만 아니라 인구밀도도 높다. 그렇다면 어느 정도의 인구가 모여야 도시라고 할 수 있을까? 그 기준은 나라마다 다르다. 우리나라는 2만 명 이상을 도시라 하지만, 미국과 멕시코는 2500명 이상을, 인도와 호주는 5000명 이상을 도시라 한다. 때문에 어떤 나라의 촌락 인구밀도가 다른 나라의 도시 인구밀도보다 높을 수도 있다.

이처럼 도시는 인구가 밀집되어 있기에 촌락보다 다양한 기능을 수행하고 있다. 실제로 도시는 촌락에서 볼 수 없는 고차원의 상업 기능, 교통 기능, 주거 기능, 그리고 다양한 생산 활동과 서비스 기능, 문화·레저 기능을 제공하고 있다.

도시가 촌락과 다른 또 하나의 특징은 도시 주민 대부분이 2차 산업과 3차 산업에 종사하고 있다는 점이다. 도시는 농업, 임업, 수산업 등 1차 산업 종사자의 구성비는 낮은 반면, 광업, 제조업 등의 2차 산업과 도·소매업, 서비스업 등의 3차 산업에 종사하는 사람들이 대다수를 차지한다. 이러한

도시가 되기 위한 우리나라의 법적 조건

우리나라 지방자치법에서는 시가 되기 위한 요건으로 대부분이 도시의 형태를 갖추고 인구 5만 명 이상일 것, 당해 지역의 시가지를 구성하는 지역 내에 거주하는 인구가 전체의 60% 이상일 것, 상·공업 기타 도시적 산업에 종사하는 가구 비율이 전체의 60% 이상일 것을 규정하고 있다. 또한 소도시라 할 수 있는 읍의 설치 요건으로는 인구 2만 명 이상, 시가지에 거주하는 인구가 전체의 40% 이상, 도시적 산업에 종사하는 가구 비율이 전체의 40% 이상일 것으로 규정하고 있다.

● 도시의 기원

도시라는 말의 어원은 중국의 도성(都城)으로 볼 수 있다. 도(都)는 천자(天子)가 거주하는 궁성을 의미하는 단어이고, 성(城)은 공간의 경계가 되는 성벽을 뜻한다. 이후 시장이 도시의 주된 기능으로 추가되면서 도성의 도(都)와 시장의 시(市)가 합쳐진 새로운 용어가 탄생하게 되었다. 즉, '도시'는 황제와 문무 양반이 머물러 있는 정치·행정의 중심지이고, 상거래가 이루어지는 시전이 있는 시장 기능의 중심지를 뜻한다. 영어로 도시를 의미하는 'city'는 프랑스어 'civitas'에서 유래를 찾을 수 있으며, 이 용어로부터 '문명'을 뜻하는 'civilization'이라는 단어도 파생되었다.

도시의 탄생은 농업기술의 진보에 의한 잉여 농산물 발생에 기인하는 것으로 전해진다. 수렵·채집경제에서 농업경제로의 변화를 신석기 혁명이라 부르는데, 이로 인해 이동생활에서 정착생활로의 변화가 일어났다. 농업의 발달로 인해 정착생활이 가능해졌고, 농업기술의 진보로 생산량 증가와 잉여 농산물이 발생하였다. 잉여농산물이 발생함에 따라 모든 주민이 농업에 종사할 필요가 없어지고 더불어 잉여 농산물을 다른 상품과 교환하고 그것을 관리하는 계급이 형성되면서 지배계급, 상인계급, 농민계급과 같은 사회 계층의 분화가 진행되었다. 이에 따라, 생산지와 촌락 또는 다른 촌락들 간에 교통로가 만들어지고, 각 사회 계층의 주택과 창고, 왕궁, 신전, 성곽 등의 시설이 건설되면서 도시가 만들어진 것으로 전해진다.

특성으로 인해 우리나라 지방자치법에서는 도시가 되기 위한 요건에 인구적 특성과 함께 경제적 특성을 규정하고 있다.

　도시는 물리적 환경 측면에서도 촌락과 차별화되는 특성을 가지고 있다. 도시에는 인공 시설물이 복합적으로 밀집되어 있으며, 실제 인간의 다양한 활동이 인공환경을 중심으로 이뤄진다. 주거 시설, 상업 시설, 교육 시설, 도로망 등 도시의 토지 이용은 촌락에 비해 매우 복합적으로 이루어지고 있다.

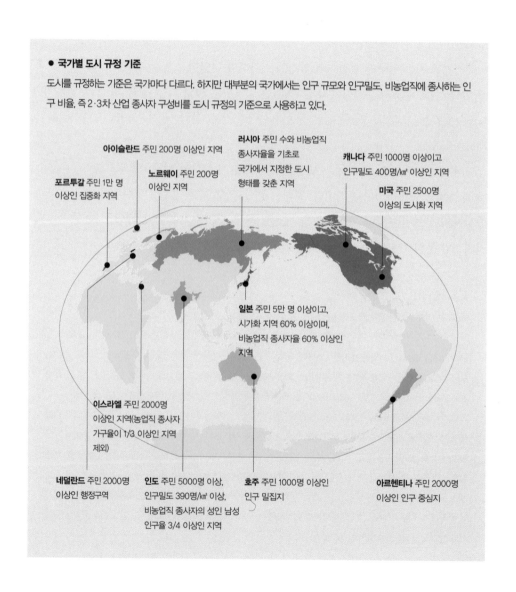

● **국가별 도시 규정 기준**

도시를 규정하는 기준은 국가마다 다르다. 하지만 대부분의 국가에서는 인구 규모와 인구밀도, 비농업직에 종사하는 인구 비율, 즉 2·3차 산업 종사자 구성비를 도시 규정의 기준으로 사용하고 있다.

아이슬란드 주민 200명 이상인 지역

노르웨이 주민 200명 이상인 지역

러시아 주민 수와 비농업직 종사자율을 기초로 국가에서 지정한 도시 형태를 갖춘 지역

캐나다 주민 1000명 이상이고 인구밀도 400명/㎢ 이상인 지역

포르투갈 주민 1만 명 이상인 집중화 지역

미국 주민 2500명 이상의 도시화 지역

일본 주민 5만 명 이상이고, 시가화 지역 60% 이상이며, 비농업직 종사자율 60% 이상인 지역

이스라엘 주민 2000명 이상인 지역(농업직 종사자 가구율이 1/3 이상인 지역 제외)

네덜란드 주민 2000명 이상인 행정구역

인도 주민 5000명 이상, 인구밀도 390명/㎢ 이상, 비농업직 종사자의 성인 남성 인구율 3/4 이상인 지역

호주 주민 1000명 이상인 인구 밀집지

아르헨티나 주민 2000명 이상인 인구 중심지

도시의 구성 요소

도시는 시민과 도시 활동, 그리고 토지 및 시설로 구성되어 있다. 시민은 도시를 구성하는 가장 기본적인 요소인 동시에 도시가 존재하는 이유이다. 도시 활동은 도시에서 일어나는 활동으로 주거 활동, 생산·소비 활동, 위락 활동 등을 포함한다. 이러한 도시 활동을 효율적으로 유지하고 발전시키기 위해서는 이들 활동을 수용하고 지원해 줄 수 있는 공간과 시설이 필요하다. 이것이 바로 토지 및 시설이다.

이들 시민, 도시 활동, 토지 및 시설은 상호관계를 가지며 도시를 구성한다. 즉, 도시에서 발생하는 활동을 지원하기 위해서는 적정 규모의 인구와 토지 및 시설이 필요하고, 그 토지나 시설의 종류 및 성격에 따라 그에 상응하는 활동이 발생하기도 하며, 그에 따라 인구가 집중 또는 분산되거나 도시 자체의 성격이 변화하기도 한다. 따라서 도시는 이들 각 요소가 서로 영향을 주고받는 유기체라 할 수 있다.

도시 활동은 성격과 기능에 따라 다양하게 구분되지만 일반적으로 주거 활동, 경제 활동, 여가 활동, 그리고 교통 활동의 네 가지로 구분된다. 주거 활동이란 의식주처럼 인간생활의 가장 기본적인 욕구를 만족시키는 활동을 의미하며, 집을 중심으로 하는 개인생활과 교류를 기초로 하는 사회생활 전반을 포함한다. 경제 활동은 재화와 서비스의 생산, 유통, 판매, 소비를 포함하는 일련의 활동이다. 도시에 집적된 이익을 통해 개인은 생활을 영위하고 사회적으로는 기업의 이윤을 극대화함으로써 부를 창출하고 축적하는 역할을 담당한다. 여가 활동은 삶의 질과 생활 수준을 높여 주거 활동과 경제 활동을 보다 원활하게 수행

● 도시화 현상

도시에서의 다양한 활동과 기능으로 시민은 주거, 교육, 교통 등 다양한 서비스를 보다 쉽게 접할 수 있다. 한 도시에는 2·3차의 다양한 산업들이 있어 직업을 선택하는 데도 유리하다. 때문에 도시로 사람들이 몰리고, 비도시 지역이 도시 지역으로 변해 가는 '도시화 현상'이 일어나기도 한다.

도시화란 농어촌과 같은 비도시 지역이 도시 지역으로 변해 가는 과정을 뜻한다. 이러한 도시화의 개념 속에는 두 가지 의미가 내포되어 있다. 공간적인 측면에서의 도시화와 사회·경제적인 측면에서의 도시화이다. 공간적인 측면에서는 인구의 도시 집중과 이로 인한 도시 공간의 확대를 의미한다. 도시화의 전통적인 개념은 이와 같은 공간적 현상에 초점을 두고 있다. 반면 사회·경제적인 측면에서의 도시화는 도시적 생활 양식으로의 변화를 의미한다. 도시화에 대한 이런 시각들을 종합할 때 도시화의 개념 속에는 도시 공간의 외연적 확산이라는 의미와 함께 도시성의 의미가 포함된 것으로 이해할 수 있다.

할 수 있도록 힘을 충전시켜 주는 역할을 한다. 그리고 교통 활동은 앞의 세 가지 활동을 효율적으로 연결해 주는 기능을 담당한다.

도시의 형태

도시의 형태는 건물의 밀도와 높이로 구분되는 입면 형태와 가로망 구조에 따라 구분되는 평면 형태로 구분할 수 있다. 입면 형태는 도시를 수직으로 자른 것처럼 가정한 것으로 스카이라인*으로 나타난다. 대체로 인구가 집중하고 접근성이 높은 도심은 지가가 매우 높고 토지 이용이 집약화되어 고층 건물이 위치하며, 외곽으로 갈수록 건물 층수가 낮아진다. 그러나 최근에는 대도시 외곽 지역에 고층 아파트가 분포하면서 전체적으로 스카이라인이 높아지는 현상이 나타나고 있다.

평면 형태는 가로망의 구조에 따라 구분되며 기본적으로 규칙형, 불규칙형, 혼합형의 세 종류로 나눌 수 있다. 규칙형은 주로 계획적으로 건설된 도시로서 직교(격자)형, 방사형, 직교방사형으로 세분된다. 불규칙형은 가로가 불규칙하여 방향이나 규모가 일정한 패턴이 없는 형태로, 주로 자연발생적인 취락이 발달한 도시에 많이 나타난다. 혼합형은 규칙형과 불규칙형이 둘 이상 혼합된 형태이다. 실제로 한 가지 형태만을 갖는 도시는 거의 없다. 원래 불규칙형에서 시작되어 후에 다른 형태가 추가되거나 변형되면서 혼합형이 되는 것이다. 현재 많은 대도시가 혼합형이다.

스카이라인
하늘과 맞닿은 것처럼 보이는, 산이나 건물 따위의 윤곽선

도시의 평면도

직교형 가로망(대전)   방사형 가로망(진해)   직교방사형 가로망(창원)

기능 특화로 나눈 도시

도시는 기능 특화에 따라 정치·행정도시, 문화도시, 교육도시, 관광·휴양도시, 산업도시, 군사도시, 침상도시 등으로 구분할 수 있다. 정치·행정도시는 한 국가의 정치 및 행정기능이 집중되어 있는 도시를 의미하고, 문화도시는 문화재를 많이 갖고 있거나 근대적 문화 시설을 가지고 있는 역사적인 도시를 말한다. 교육도시는 학교를 중심으로 형성된 도시이다. 관광·휴양도시는 관광자원(문화재, 명승지, 온천 등)을 보유하고 있고, 교통 발달에 따라 광역 관광 루트의 기지로서 숙박, 정보, 서비스 등을 제공하는 도시를 말한다. 산업도시는 광공업의 생산을 담당하는 도시이며, 군사도시는 육·해·공군의 주둔지나 군사기지가 있는 도시를 말한다. 침상도시는 도시 주변에 개발된 주택지로 중심도시 통근자들의 거주를 위해 형성된 도시를 의미한다.

인구 규모로 구분한 도시

도시 유형을 구분하는 가장 대표적인 기준은 인구 규모와 도시 기능이다. 먼저, 도시는 인구 규모에 따라 거대도시, 대도시, 중소도시, 소도시로 구분할 수 있다. 거대도시는 인구 100만 명 이상의 도시를 말하는데, 우리나라에는 수도인 서울을 비롯해 부산, 인천, 대구 등이 이에 해당한다. 대도시는 인구 50만 명 이상 100만 명 미만의 도시로 지방의 중심도시 역할을 수행하는 종합적인 기능을 한다. 중소도시는 인구 10만 명 이상 50만 명 미만의 도시를, 소도시는 10만 명 미만의 도시를 의미한다. 인구 규모의 기준은 국가별·시기별로 달라질 수 있지만, 인구 규모에 따른 도시 분류는 가장 쉽게 이용되고 있는 도시 구분 방법이다.

우리 도시 발달사

도시는 인간의 삶을 유지·발전시키는 터전으로서 새로운 환경에 끊임없이 적응하고 그 상황에 맞춰 변화해 온 특성을 가지고 있다. 우리 도시의 시대별 발달 특성과 발달 요인, 그리고 대표 도시를 살펴보자.

왕궁 중심으로 성장한
삼국 시대

대표 도시
- 평양성(평양), 웅진성(공주), 사비성(부여), 경주 등 왕궁도시

도시 발달 요인
- 정치·군사적 요인

도시 발달 특성
- 고구려, 백제, 신라 삼국은 5세기를 전후하여 중앙집권적 정치 체제가 확립됨에 따라 왕국의 수도를 중심으로 도시 형태를 갖추기 시작
- 정치·행정의 중심지 역할 수행

지방도시가 성장한
통일신라 시대

대표 도시
- 수도: 경주
- 지방도시: 9주 5소경

도시 발달 요인
- 정치·군사적 요인

도시 발달 특성
- 통일신라는 삼국 통일로 확대된 영토의 안전 확보와 지방 지배를 위해 전국을 9주로 분할하고 5소경 설치
- 이로 인해 통일신라 시대에는 왕궁인 경주 이외에 지방도시의 성장 촉진
- 정치·행정의 중심지 역할 수행

경제 기능이 강화된
고려 시대

대표 도시
- 수도: 개경
- 지방도시: 5도호부 8목

도시 발달 요인
- 정치·군사적 요인
- 경제적 요인

도시 발달 특성
- 고려 시대는 수도인 개경 이외에 지방 행정 조직인 5도호부 8목을 중심으로 지방도시 발달
- 지방도시와 교통 요지를 중심으로 소규모 상설 시장으로 추정되는 향시 등장
- 정치·군사적 요충지와 경제적 중심지 기능 수행

– 9주 | 상주, 양주(양산), 강주(진주), 한주(경기 광주), 능주(춘천), 웅주(공주), 명주(강릉), 무주(광주광역시), 전주
– 5소경 | 북원경(원주), 중원경(충주), 서원경(청주), 남원경(남원), 금관경(김해)

– 5도호부 | 안동(경주), 안서(해주), 안남(전주), 안북(영주), 안변(안변)
– 8목 | 광주, 충주, 청주, 전주, 나주, 진주, 황주, 승주

● **우리나라 최초의 도시**

우리나라 최초의 도시는 고조선의 왕검성으로 추정되지만 그 위치와 규모 등은 정확히 밝혀지지 않고 있다. 지금까지 밝혀진 우리 민족 고유의 도시로 가장 오래된 곳은 고구려의 초기 수도였던 국내성을 들 수 있다. 이 도시는 산성과 궁궐을 갖춘 전형적인 성곽도시의 성격을 띠고 있다.

상공업도시가 발달한	교통요충지가 발달한	공업도시가 성장한	신도시 개발이 확대된
조선 시대	**일제강점기**	**1960~1980년대**	**1990년대 이후**

대표 도시
- 수도: 한양
- 지방도시: 개성, 평양, 전주, 상주, 대구, 충주, 의주 등

도시 발달 요인
- 정치적 요인(초기)
- 상공업 발달(후기)

도시 발달 특성
- 조선왕조는 1394년 풍수지리에 입각하여 도읍으로 선정한 한양 이외에 개성, 평양, 전주, 상주 등 지방 행정중심지 발달
- 17세기 이후 도로 및 교통 발달로 상공업 기능이 확대되면서 대구 서문장, 금강 일대 강경장 등 상공업도시 발달

대표 도시
- 항구도시: 부산, 원산, 인천 등
- 공업도시: 흥남, 나진 등

도시 발달 요인
- 식량기지화 전략 및 병참기지화 전략 등 일제의 침략 전략에 따라 도시 발달

도시 발달 특성
- 일제강점기 초기에는 개항과 함께 항구도시 급속히 발전
- 1899년 경인선 개통 이후 간선철도가 개설되면서 교통요충지 중심으로 도시 발달
- 1931년 이후부터는 자원이 풍부한 관북·관서 지방을 중심으로 광공업도시 발전

대표 도시
- 공업도시: 울산, 포항, 창원, 구미
- 위성도시: 부천, 성남, 안산 등

도시 발달 요인
- 공업화 정책으로 인한 이촌향도 현상

도시 발달 특성
- 국가의 공업화 정책으로 포항, 울산, 창원, 구미 등 남동 임해 지역과 내륙 지역에 신흥 공업도시 발달
- 이촌향도 현상의 심화로 서울 거대도시화 및 수도권 위성도시 발달
- 부산, 대구, 대전 등 인구 100만 명 이상의 지방 대도시 발전

대표 도시
- 신도시: 분당, 일산, 평촌, 산본 등
- 기업도시, 혁신도시

도시 발달 요인
- 신도시 개발 정책
- 국토 균형 발전 정책

도시 발달 특성
- 1990년 이후 수도권 주변 지역을 중심으로 분당, 일산 등 신도시 건설이 추진되면서 대도시 교외화 현상 대두
- 2000년 이후에는 국토 균형 발전과 지역 경제 활성화를 위해 비수도권 지역을 중심으로 기업도시, 혁신도시 등의 도시 개발 추진

우리나라 도시 성장의 공간적 변화

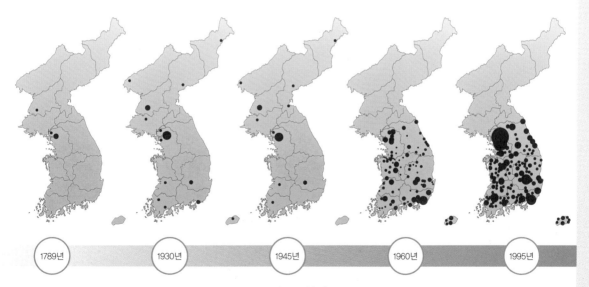

1789년   1930년   1945년   1960년   1995년

인구 규모(만 명)

⬤ 100~ ● 50~100 ● 25~50 ● 10~25 · 5~10 · 3~5 · 2~3

우리 역사 속의 신도시, '수원화성(水原華城)'

수원화성은 조선 22대 왕 정조가 부친 장헌세자(사도세자)를 향한 효심과 웅대한 개혁의 꿈을 실현시키기 위해 세운 계획 신도시이다. 정조는 부친인 장헌세자가 죽음을 당하자 양주 배봉산에 있던 장헌세자의 유해를 산세가 빼어난 새로운 명당인 화산(花山) 현륭원으로 옮기면서 화산 아래 있던 기존의 수원읍을 현재의 팔달산 아래로 옮겨 신도시를 건설하였다. 새로 이주한 주민들의 안정을 위해 성곽을 쌓을 것을 계획하고, 화산의 '花' 자를 따서 이름을 '화성'으로 바꾸었다.

한양에 버금가는 대도시를 지향하며 건설된 계획적 신도시 화성과 그 자족적 발전을 뒷받침하고자 설치된 부속 시설, 웅장한 규모의 화성행궁, 그리고 이들을 둘러싸고 있는 화성 성곽의 건설은 왕조 중흥과 왕권 강화의 표상이며 여러 학자와 관료 들의 지혜와 노력, 수많은 백성의 기술과 힘이 효과적으로 결집된 문화적 금자탑이라고 할 수 있다.

수원화성은 사적 제3호로 길이 5.744㎞에 면적 1.3㎢로 동쪽 지형은 평지를 이루고, 서쪽은 팔달산에 걸쳐 있다. 화성은 4개의 문루(팔달문, 장안문, 화서문, 창룡문), 2개의 수문(북수문, 남수문), 공심돈 3개, 장대 2개, 노대 2개, 포(鋪)루 5개, 포(砲)루 5개, 각루 4개, 암문 5개, 봉돈 1개, 적대 4개, 치성 9개, 은구 2개 등 총 48개의 시설물을 규모있게 배치하였다. 그리고 팔달산 아래에는 행궁을 지어 현륭원에 행차하는 임금이 임시 머물 수 있게 제반 시설을 갖추었다. 일제강점기를 지나 한국전쟁을 겪으면서 성곽의 일부가 파손·소실되었으나, 1975년부터 1979년까지 축성 직후 발간된 『화성성역의궤』에 의거 보수·복원하여 현재 41개 시설물이 남아 있다.

수원화성 축조 당시 모습을 현대 기법으로 재구성한 전경(수원시, 2000)

수원화성은 다음과 같은 특징을 가지고 있다. 첫째, 계획된 신도시이다. 당시의 대표적 실학자인 정약용은 새로운 개념의 도시에 걸맞은 성곽을 구성하라는 정조의 명을 받아 기본 계획안을 구상하였고, 이에 근거하여 신도시 건설을 추진하였다. 둘째, 수원화성의 위상 확립과 번영 정책을 병행하였다. 이에 1793년(정조 17년) 2월 수원화성을 제2의 행정도시인 유수부로 승격하였다. 또한 수원화성의 번영을 위해 한성부, 개성, 평양, 동래 등의 거상으로부터 이주 신청을 받아 응모자 가운데 20인을 골라 계(契)를 조성하게 하고 이들에게 인삼의 국내 매매 및 대중국 무역에 관한 독점권을 주었다. 셋째, 건설 과정에 서양의 과학 기술 및 새로운 정보를 도입하였고, 거중기, 유형거 등 독자적인 건설 도구를 사용하여 공사 기간을 단축하는 등 실학 정신을 반영하였다. 넷째, 현대화된 수리 시설을 갖춘 인공저수지를 만들고 그 주변에 시범적인 국영 농장을 건설하여 선구적인 농업 진흥책을 도입하였으며, 상공업을 진흥하기 위한 시책을 병행하는 등 자족적인 도시를 지향하였다. 다섯째, 축성 과정과 성과를 담은 기록물이 남아 있다. 18세기 말 당시 축성 과정과 사용된 비용 등을 상세하게 담은 공사 보고서가 남아 있는 것은 세계적으로 유례를 찾아보기 어렵다. 마지막으로 수원화성은 뛰어난 건축 미학, 도시 공간 미학을 이루어 당시 진경 문화의 보고가 되고 있다. 치수(治水)를 위한 토목 기술과 방어를 위한 축성 기술이 접목되어 새로운 도시 경관을 창조하였고, 도시 공간 활용을 위한 실용적 사고와 미학적 사고가 조화된 진경 문화의 계획 비법이 적용되었다. 또한 자연 현상을 거스르지 않는 범위에서 인공적인 조형물을 건축하였다.

이처럼 수원화성은 수도인 한양을 모도시로 해서 계획적으로 조성하였고, 신도시 번성을 위해 수도의 일부 기능을 이전했다는 점, 그리고 자족적인 도시로 만들려 했다는 점 등에서 오늘날의 신도시 개념과 흡사하다고 할 수 있다. 더구나 영국 최초의 신도시로 알려진 전원도시 구상(1898년)보다 약 100년 이상 앞선 것이어서 더욱 의미가 크다고 할 수 있다.

수원화성은 조선왕조가 쇠망하고 일제강점기를 거치면서 수원성으로 불리기도 했지만 1963년 대대적인 사적 정비로 옛 모습을 찾으면서 1997년 1월 본래 이름을 되찾았다. 그리고 같은 해 12월에는 훌륭한 축성 기술과 성채로서의 아름다움을 간직한 도성으로 인정받아 유네스코 세계문화유산으로 지정되었다.

주요 내용
▶ 총 공사기간 | 34개월 (1794. 1. 7. ～ 1796. 9. 10.)
▶ 총 공사경비 | 약 97만 냥 + 백미 약 1500석
▶ 총 동원된 기술자 | 22개 직종 1856명
  동원된 인원 | 37만 6343명
▶ 운반기구 | 거중기 1대, 유형거 10량, 대차 8량 등
  정약용이 고안한 여러 가지 발명기구 사용
▶ 사용된 벽돌 수 | 69만 5000장

2 생활을 담는 그릇, 주택

기후와 시대 및 도시의 특징에 따라 주택은 다양한 모습으로 변화하고 꾸준히 발달하고 있다. 주택은 이제 외부 환경으로부터 사람을 보호하는 역할에서 자신의 취향과 가치를 반영하는 곳으로 발전했다. '사람은 집을 만들고 집은 사람을 만든다'는 말처럼 주택은 '생활을 담는 그릇'이다. 각자 어떤 모양의 그릇에 생활을 담고 있는지 생각해 볼 때다.

01

도시의 삶터, 주택

이누이트가 살던 이글루와 아메리카 원주민이 살던 티피의 모습은 매우 다르다. 조선 시대의 초가집과 현대의 아파트 또한 많은 차이가 있다. 이처럼 주택은 사람들의 다양한 삶의 모습을 담는 그릇이며, 사람들이 각각의 환경에 적응하기 위하여 변화시키고 발전시킨 노력의 결과이다.

주택, 삶의 모습을 담는 그릇

주택은 비와 바람 및 추위와 더위 같은 자연적 피해, 도난과 파괴 같은 사회적 침해로부터 사람을 보호하기 위한 건축물을 뜻한다. 즉, 자연적·사회적 위험으로부터 사람을 보호하는 은신처의 의미를 지닌다. 사람을 보호하기 위한 장소라는 점에서 짐승을 가두어 기르는 '우리'나 새 또는 벌레가 모여 사는 '둥지'와는 구별된다. 그러나 주택은 단순한 은신처의 개념보다 더 많은 의미를 포함한다. 주택은 식사, 배설, 수면 등 사람의 기본적인 욕구를 해결하는 주거 공간이며, 휴식과 문화생활을 누리는 여가 공간의 개념을 지닌다. 근래에 들어서는 재택근무를 통한 작업 공간의 역할까지도 포함한다. 이처럼 주택은 사람의 다양한 활동 모습을 담는 그릇이다.

인류는 태초부터 자연의 위험에서 스스로를 보호하기 위해 집을 짓기 시작하였다. 그러므로 자연의 변화로부터 안전하게 보호받을 수 있는 장소나 맹수의 위협을 피할 수 있는 곳에 집을 지었다. 현대 사회에서는 자연적 여건보다 사회적 조건을 더욱 중요시한다. 즉, 교통이 편리한 곳, 환경이 쾌적한 곳, 교육 여건이 우수한 곳, 편의 시설이 가까운 곳 등에 집을 짓는다. 시대에 따라 주택을 짓는 목적이 변하고, 주택을 짓는 장소 또한 변하고 있다.

다양한 주택의 모습

주택의 재료와 형식은 자연환경이나 기후, 시대, 풍속, 관습, 가치관 등 여러 가지 요인에 따라 다양하다. 눈이 많이 오는 알래스카에서는 눈으로 만든 집인 이글루를, 삼림이 풍부한 북유럽에서는 목조 주택을 짓고 살았다. 우리나라 전통 가옥을 살펴보면, 추운 북쪽 지방은 폐쇄적인 밭 전(田) 자 구조를 보이며, 따뜻한 남쪽 지방은 개방적인 한 일(一) 자 구조를 보인다. 또한 양반은 기와집을, 서민은 초가집을 짓는 등 신분에 따라서도 주택의 재료와 형식이 다르게 나타났다. 다양한 주택의 모습은 사람들이 자연적·역사적·문화적인 환경에 적응하기 위하여 끊임없이 변화시키고 발전시킨 노력의 결과이다.

미래의 주택

시대가 변하고 환경이 바뀜에 따라 우리 삶의 모습은 더욱 다양해질 것이며, 이에 따라 다양한 형태의 주택이 등장할 것이다. 미래에는 정보산업의 발달로 재택근무가 늘어날 전망이다. 사람들이 집에서 지내는 시간이 늘어나면서 동시에 가족 간의 교류도 늘어날 것이다. 그러므로 기본적인 주거 기능 외에도 사무실, 은행, 오락, 교육, 의료의 기능을 함께 할 수 있는 주택이 등장할 것으로 예상된다.

또한 미래에는 인구 구성이 보다 다양해질 것이다. 1인 가구나 부부 중심 가구가 증가하면서 1실 주택(원룸) 및 소형 주택이 많이 공급될 것이다. 또한 의료기술의 발달과 사회복지 혜택이 증가하여 노인 인구도 늘고 노인 가구를 위한 실버타운*의 공급도 더욱 증가할 것이다.

아주 먼 미래에는 기술이 매우 발달하여 자연환경을 다양하게 활용한 주택을 지을 것으로 예상된다. 지상뿐만 아니라, 공중과 해상, 지하 등 다양한 공간에 초고층 주택, 해상 주택, 해저 주택, 지하 주택 등이 등장할 것이다.

실버타운
노후생활에 필요한 의료, 오락, 체력 단련 시설을 갖추고 식사 관리, 생활 편의, 건강 의료 서비스를 제공하는 유료 노인 주거 시설이다. 실버타운과 비슷한 개념의 유료 노인 주거 시설을 미국은 '노인촌락(retirement community)', 일본에서는 '유료노인홈'이라고 부른다.

자연환경에 따라 다양한 재료를 사용한 주택

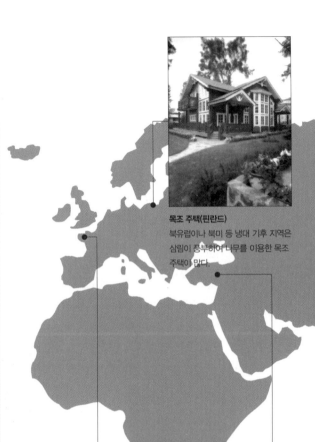

목조 주택(핀란드)
북유럽이나 북미 등 냉대 기후 지역은
삼림이 풍부하여 나무를 이용한 목조
주택이 많다.

돌집(티베트)
세계 최고·최대의 고원인 티베트
고원 지대는 일교차가 크며 강풍이
부는 날이 많기 때문에 비바람을
피하기 위해 돌과 흙을 겹겹이 쌓아
올린 돌집을 짓고 살았다.

석조 가옥(그리스)
그리스 등 지중해성 기후 지역은 대리석이
풍부하여 비교적 규모가 큰 석조 가옥이 많으며,
햇빛을 반사시키기 위하여 하얀색으로 외벽을
칠하였다.

흙집(터키)
사우디아라비아와 시리아, 터키 등 고온건조하며
강수량이 적어 식물이 자랄 수 없는 사막
지역에서는 쉽게 구할 수 있는 흙을 이용해 집을
지었다.

수상 가옥(태국)
동남아시아는 온난다습한 열대 기후 지역으로 식물
자원이 풍부하므로 대나무와 야자나무 잎으로 만든
주택이 대부분이다. 또한 호수나 하천 위에 지은
수상 가옥이 많다.

유르트(몽골)
몽골과 중앙아시아의 대륙성 기후 지역에서는 나무
막대를 세운 뒤 가죽이나 밝은 색 천으로 덮은
유르트(몽골어로 게르)를 유목민의 이동 텐트로
사용하였다.

이글루(알래스카)
눈이 많이 오는 알래스카의 한대 기후 지역에는
눈으로 만든 집인 이글루가 많은데, 주거
목적보다는 이누이트들이 사냥을 할 때 임시로
머무르는 용도였다.

초가집(대한민국)
온대 기후 지역에서는 주로 벼를 수확한 뒤에
나오는 짚을 이용해 초가집을 지었다. 초가집은
열 차단이 뛰어나 여름에는 시원하고 겨울에는
따뜻하다.

티피(북아메리카)
북아메리카 대평원 지역에 사는
아메리카 원주민은 물소가죽으로 만든
천장이 높은 거주용 천막인 티피에서
생활하였다.

다양한 형식의 우리나라 주택

관서 지방의 ㄱ자형 주택
마루가 좁고 부엌이 가옥의 중심에 위치하는 ㄱ자형 주택이 대부분이다. 대청(집 가운데 있는 마루)은 마루방이라 하여 방과 방 사이에 있지 않고 방의 한쪽 귀퉁이 면에 있는 경우가 많았다.

중부 지방의 혼합형 주택
대청이 있는 것이 특징으로 ㄱ자형을 기본으로 ㄷ자, ㅁ자, ㅡ자형이 혼합되어 있다. 관북의 폐쇄적 구조와 남부의 개방적 구조의 중간 형태를 보인다.

제주도의 돌담집
기본 구조는 남부 지방과 같은 ㅡ자형이나, 바람을 막기 위한 겹집의 형태가 함께 나타난다. 돌로 담장을 쌓고, 세찬 바람에 지붕이 날아가지 않도록 지붕을 밧줄로 엮은 것이 특징이다. 온돌 시설이 없으며 곡류, 두류 등을 저장하는 공간인 고팡이 있다.

ㄱ자형 주택

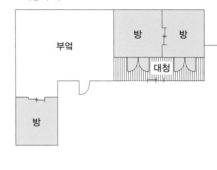

혼합형 주택

돌담집

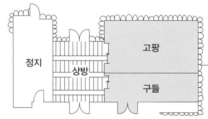

田자형 주택

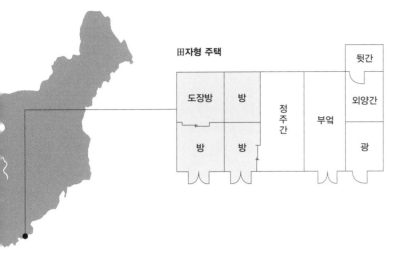

관북 지방의 田자형 주택
추운 지방이므로, 田자 형태의 폐쇄적인 구조가
나타난다. 대청이 없으며, 대신 부엌과 방 사이에
위치한 정주간이 식당과 거실의 역할을 하였다.

투막집

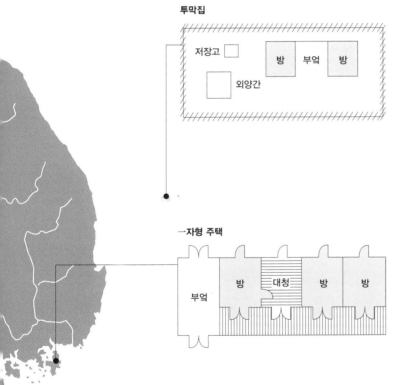

울릉도의 투막집
가옥 주위에 겨울의 폭설에 대비한 우데기(울릉도
민가에 딸린 독특한 방설, 방우, 방풍 설비)를
설치하였다. 가옥과 우데기 사이의 공간은 겨울철 작업
공간으로 활용하였다.

一자형 주택

남부 지방의 一자형 주택
따뜻한 남부 지방은 전형적인 一자형 집으로, 중부형에
비해 개방적이며 대청이 넓은 것이 특징이다. 서민 주택
중에서 비교적 여유가 있는 집에는 일자형 본채 이외에
광과 헛간 등으로 구성된 부속채가 있었다.

02
움집부터 주상복합까지

온돌과 마루는 세계 어디에서도 찾아볼 수 없는 우리나라만의 독특한 주택 양식이다. 우리 선조들은 자연과 조화를 이루고 실용성과 예술성을 동시에 지닌 독창적인 주택 양식을 발달시켜 왔다. 서양 주택 양식이 도입된 현대에 들어서서는 아파트가 대표적인 주택 양식으로 자리 잡고 있다.

동굴과 움집의 선사 시대

구석기 시대에는 주로 동굴이나 바위 밑을 은신처로 이용했다. 동굴 안에 불을 피워 추위와 어둠을 이겼고, 바위 밑에서 비바람을 피했다. 도구가 발달한 신석기 시대 이후에는 커다란 인공동굴을 만들어 함께 거주하였다. 그러다가 집터 위에 나무와 짚을 이용한 움집을 짓기 시작하였는데, 대부분 원형으로 주로 강가에 위치하였다. 청동기 시대의 움집은 사각형으로 주로 산의 능선이나 약간 높은 언덕에 위치하였다. 또한 두 칸짜리 집과 돌로 벽을 쌓은 집도 등장하였으며, 철기 시대에는 기둥과 보*를 이용한 지상 건물로까지 발전하였다.

　　고조선의 일반적인 주거 형태도 움집이었으나, 드문드문 귀틀집과 고상 주거 형태가 출현하기 시작했다. 산간 지역의 화전민들이 통나무를 이용하여 지은 귀틀집은 통나무를 우물 정(井) 자 형태로 쌓고, 통나무와 통나무 사이의 틈을 진흙으로 막아 벽체를 세운 것이다. 움집에서 오래 생활하다 보면 위생 상태가 나빠져 질병에 걸릴 확률이 높기 때문에, 점차 집의 바닥이 땅에서 떨어져 높게 자리한 누각이나 원두막 같은 고상주거 형태가 등장하기 시작했다.

보
들보의 준말로 건물의 칸과 칸 사이의 두 기둥 위를 건너지른 나무를 말한다.

온돌과 마루의 출현, 삼국 시대

삼국 시대 초기 서민들의 집 또한 대체로 움집이었으나 점차 초가집으로 발전하였다. 방을 따뜻하게 하기 위한 방법으로 온돌*을 이용하였으며, 여름이 길고 무더운 남쪽 지방에서는 상류층을 중심으로 마루를 사용하였다.

고구려에서는 여러 채의 독립된 공간이 모여 하나의 주거 공간을 형성하였다. 생활 공간의 분화가 일어난 것이다. 추운 북쪽 지방에서는 가난한 사람들을 중심으로 온돌을 만들어 사용하였다. 상류층은 온돌을 사용하지 않고 방 안에 철제 화로나 부뚜막 같은 별도의 난방 설비를 하였다. 이 시기에는 기와나 벽돌 등 다양한 건축 재료와 건축 기술의 발달도 이루어졌다.

백제의 주택은 고구려와 비슷하나, 온돌에 대한 기록은 찾아볼 수 없다. 이는 백제 지역이 고구려에 비하여 상대적으로 따뜻한 지역이었기 때문일 것이다. 백제의 주택은 습기를 피할 수 있고 통풍이 잘 되는 고상주거 형태

온돌의 기원

우리나라 북쪽 지방의 원시 시대 유적에서는 땅에 움(구덩이)을 파고 그 위에 구들을 놓은 다음, 밑에서 불을 땐 움집 흔적이 발견되었다. 이러한 움집이 온돌의 시초이다.

선사 시대의 주택

1 신석기 시대 움집
2 청동기 시대 움집
3 귀틀집
4 고상주거
　(사진 제공: 김해시청 문화재과)

고구려 철제 부뚜막
(운산 용호동1호분)

가 발달하였으며, 바닥에는 마루를 설치하였다.

　기후가 따뜻한 신라 또한 마루를 설치하였는데, 신라 초기의 상류층은 고구려와 같이 평상 위에서 생활하였고 일반 서민들은 대개 흙바닥에서 생활했다. 신라에서는 신분계급, 즉 골품제도에 따라 진골(眞骨)부터 백성에 이르기까지 각 계급별 주택의 규모, 형태, 재료, 장식 등을 법으로 제한하는 가사규제(家舍規制)가 있었다. 이는 조선 시대에 이르기까지 우리나라 주거 문화의 계층적 특성을 이루는 중요한 역할을 하게 된다.

온돌과 마루의 결합, 고려 시대

고려의 서민 주택 또한 여전히 움집의 형태였으며, 귀족계급만 기와집을 짓고 살았다. 움집에는 온돌을 설치했으나, 귀족계급이나 왕족은 온돌을 설치하지 않고 침상과 평상을 사용하였다. 고려 시대의 가장 큰 특징은 일반 주택을 중심으로 온돌과 마루를 같이 사용한 점이다. 북쪽 지방에서 발달된 온돌과 남쪽 지방에서 발달된 마루가 결합하여 여름과 겨울을 동시에 고려한 주택으로 발전하였고, 이후 우리나라 주거 문화의 고유한 특성을 만드는 계기가 되었다.

고구려 농가의 온돌방
아차산 보루에서 발견된 고구려 농가의 온돌방을 토대로 재구성한 주거 공간의 모습이다. 이 곳은 부엌으로 독립되어 있었던 것이 아니라 방의 일부였다.

신분에 따라 다른 주택, 조선 시대

조선 시대는 우리나라 주택 문화 형성에 가장 큰 영향을 끼친 시기이다. 조선 시대의 주택은 산악과 구릉이 많은 자연환경과 최대한 조화를 이루는 특징을 지닌다. 상류층의 주택은 기후가 구조에 영향을 미치지 않았으나, 서민 주택의 경우 북쪽 지방은 보온을 위한 겹집 구조와 온돌이, 남쪽 지방은 바람이 잘 통하는 홑집 구조와 마루가 발달하였다.

또한 반상(班常)을 철저히 구분한 신분 사회였기 때문에 신분에 따라 주택의 크기나 형태를 규제하는 가사제도가 있었다. 신라의 가사규제와 가장 큰 차이점은 택지 규모에 제한을 두었다는 점이다. 이는 한양에 사는 인구가 늘어남에 따라 택지가 부족해졌기 때문이다. 거주지 역시 신분에 따라 배분되었다. 한양의 경우 북촌에는 권문세가가, 남촌에는 하급 관인이나 양반의 자손이, 중부에는 아전이 집단 거주하였고, 상공업과 서비스업에 종사하는 서민은 종로와 청계천 일대에 모여 살았다. 상민과 천민은 성벽 바로 아래나 성 밖의 변두리에 살았다.

● 온돌의 지혜

온돌은 열의 전도를 이용한 복사 난방 방식의 일종으로, 그 원리는 방고래를 통해 화기를 보내어 달궈진 구들이 방출한 열로 난방을 하는 것이다. 방바닥을 고루 데워 주기 때문에 습기가 차지 않고 화재에도 안전하다. 그러나 우리나라의 재래식 온돌은 실내 기후를 비교적 쾌적하게 유지할 수 있는 반면 아궁이와 굴뚝 등을 통해 손실되는 열량이 많기 때문에 실제 열효율은 30%에 불과하여 에너지 면에서는 매우 비효율적이다. 그러므로 난방뿐 아니라 취사도 함께 할 수 있도록 하였다. 에너지의 효율까지 고려하여 이중 효과를 얻은 선인들의 지혜를 엿볼 수 있다.

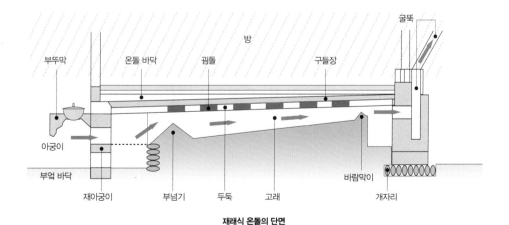

재래식 온돌의 단면

양반의 주택, 반가 반가는 지역적 특성보다는 유교 사상과 가정생활의 전통적인 개념, 사회 계급에 따른 인문적 배경이 중요 요소로 고려되었다. 때문에 신분과 성별, 나이가 많고 적음에 따라 공간을 분리하여 배치하였다. 또한 문과 마룻바닥 등은 나무로, 벽은 짚과 흙을 섞은 흙벽으로 만들었으며, 창에는 천연 나무로 만든 한지를 발라 자연을 느낄 수 있도록 하였다. 바닥에는 한지를 깐 뒤 콩기름 등을 발라 윤기 있게 하였는데, 이는 물이 바닥으로 스며들지 않게 하는 방수 기능을 하였다.

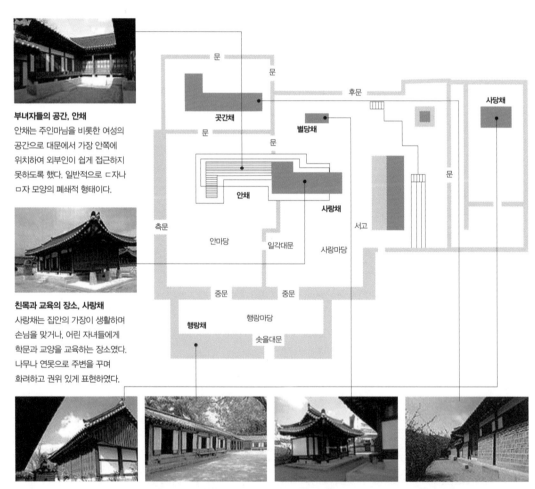

부녀자들의 공간, 안채
안채는 주인마님을 비롯한 여성의 공간으로 대문에서 가장 안쪽에 위치하여 외부인이 쉽게 접근하지 못하도록 했다. 일반적으로 ㄷ자나 ㅁ자 모양의 폐쇄적 형태이다.

친목과 교육의 장소, 사랑채
사랑채는 집안의 가장이 생활하며 손님을 맞거나, 어린 자녀들에게 학문과 교양을 교육하는 장소였다. 나무나 연못으로 주변을 꾸며 화려하고 권위 있게 표현하였다.

문　문　후문　사당채
곳간채　별당채
문
안채
사랑채
측문　안마당　일각대문　사랑마당　서고　문
중문　중문
행랑채　행랑마당
솟을대문

조상들의 집, 사당채
조상의 위패를 모시는 신성한 장소로 외부인이 접근하지 못하도록 배치하고 담장과 대문을 설치하였다.

하인들의 주거지, 행랑채
하인들이 기거하거나 곡식을 저장하는 창고로 쓰였다. 마당은 하인들의 작업 공간으로 넓게 만들었다.

다용도 공간, 별당채
안채의 뒤쪽에 별당채가 있었으며, 이용하는 사람에 따라 별당의 이름을 다르게 불렀다.

저장 공간, 곳간채
넓은 주택에는 곳간채를 별도로 마련. 오래 저장해 두어야 할 음식이나 여러 가지 생활용품을 보관하였다.

서민의 주택, 민가 일반적으로 중·하류층의 일반 서민이 살았던 집으로, 초가지붕은 민가를 상징할 정도로 가장 흔히 쓰인 서민 주택의 지붕 형태였다. 지형적·기후적 여건, 지방의 경제 상태 등에 따라 규모나 건물 배치 방식이 달랐으며, 특히 기후의 영향으로 지방마다 각기 다른 특색을 지닌다.

● 민가의 종류

벽의 재료에 따라

– 토벽집: 민가의 대부분은 토벽집이다. 토벽집은 벽에 외(흙벽을 바르기 위하여 벽 속에 엮은 나뭇가지)를 엮고 흙을 발라서 꾸민 집으로 '토담집'이라고도 한다.

– 귀틀집: 주로 나무를 이용하여 지은 집으로, 나무가 많은 산간 지방에서 발달하였다. 귀틀집 벽에 흙을 채워 넣었을 경우에는 '화통집'이라 한다.

지붕의 재료에 따라

– 초가집: 민가의 대부분을 차지했던 초가집은 볏짚으로 지붕을 인 집이다. 볏짚은 속이 비어 있어서 그 안의 공기가 여름에는 햇볕의 뜨거움을 덜어 주고 겨울에는 집 안의 온기가 밖으로 빠져나가는 것을 막아 주는 구실을 하였다.

– 샛집: 들이나 산에서 나는 새풀(억새의 강원도 방언)을 베어서 지붕을 이었는데, 그 수명이 20~30년이나 되어 한 세대에 한 번씩 덮어 사용하였다.

– 굴피집: 20년쯤 자란 참나무 밑 부분에서 떼어 낸 껍질을 '굴피'라고 하는데, 이것을 보통 두 겹으로 덮어 지붕을 인 집이다.

– 너와집: 질 좋은 소나무나 전나무로 만든 널빤지로 지붕을 인 집이다. 건조한 날에는 나무판이 말라 휘면서 공간이 생기지만, 비가 오면 나무판이 축축해지면서 서로 달라붙기 때문에 빗물이 새어들지 않는 것이 특징이다.

1 토벽집 2 귀틀집 3 초가집 4 샛집 5 굴피집 6 너와집

서양식 주택과 도시형 한옥의 등장, 개화기와 일제강점기

강화도조약
1876년(고종 13년) 조선과 일본 사이에 체결한 조약이다. 군사력을 동원한 일본의 강압에 의해 맺어진 불평등 조약이었으며, 이 조약에 따라 조선은 인천, 원산의 두 항구를 개항하게 되었다.

우리나라에 서구 건축이 소개된 시기는 1876년 강화도조약* 체결 이후이다. 우리나라 최초의 서양식 주택은 1884년에 독일인 숙소로 인천에 세운 세창양행 사택이다. 개항 이후, 항구를 중심으로 일본인 거류지가 형성되면서 일본식 주택이 본격적으로 유입되자, 우리의 전통적인 주거 양식은 많이 사라지게 되었다.

한편, 전통 한옥의 특징을 가지면서 획일화된 구조를 지닌 도시형 한옥은 1930년대에 등장하여 1960년대까지 명맥을 이어 나갔다. 도시형 한옥은 가운데 안마당을 중심으로 ㄷ자 혹은 ㅁ자로 방들을 배치한 형태로 집중형 주거의 특성을 지닌다. 도시형 한옥은 밀집된 도시 주거지의 작은 택지 내에서 상류 주택의 장식성을 모방하고 도시 생활의 실용성을 추구하였다.

개화기와 일제강점기의 주택 1 인천 세창양행 2 일본식 주택 외관 3 도시형 한옥 4 도시형 한옥 거리

아파트에서 주상복합 건물까지, 1960년대~현재

한국전쟁 이후에는 전쟁으로 인한 가옥의 손실과 피난민들의 주택 수요가 겹치면서 주택 부족이 더욱 심했다. 정부는 '경제개발 5개년계획*' 사업의 하나로 추진된 주택 문제를 해결하기 위해 1962년 대한주택공사를 창립하여 주택 사업을 펼쳐 나갔다. 작은 땅에 많은 주택을 마련하기 위하여 주거의 집단화가 필요하였고, 필연적으로 아파트라는 주거 형식이 등장하게 되었다. 1970년대 후반부터는 아파트의 고층화·대형화 현상이 두드러지기 시작하였으며, 1980년대 이후에는 연립주택, 고급 연립주택인 빌라, 타운하우스 등의 저층 공동주택도 등장하였다. 1990년대부터는 소규모 공동주택으로 볼 수 있는 다세대주택 및 다가구주택이 등장하였으며 사무실에 간단한 주거 시설을 갖춘 오피스텔도 나타났다. 최근에는 주거용 건물과 상업용 건물의 혼합 형태인 주상복합 건물이 공급되고 있다.

경제개발 5개년계획
국민 경제의 발전을 도모하여 양적 성장과 아울러 질적 발전과 국민 생활의 향상에도 중점을 둔 5개년 단위의 경제 계획이다. 우리나라는 1962년에서 1981년까지 4차에 걸쳐 실시했으며, 1982년부터는 '경제사회발전 5개년계획'으로 이름을 바꾸어 실시하고 있다.

마포아파트 단지   주상복합 건물

서양 주택 발달사

주택은 시대를 반영하는 거울이다. 주택을 살펴보면 그 시대의 역사, 문화, 가치관, 관습 등을 알 수 있기 때문이다.
시대별 서양 주택을 통하여, 그 시대에 살았던 사람들의 삶의 모습을 상상해 볼 수 있다.

고대 메소포타미아 주택 및 평면도
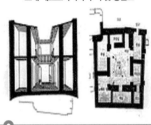

로마제국 공동주택 '인슐라(insula)'

중세 전기 '주거 타워'

B.C. 3500 〉　　　A.D. 100 〉　　　1000 〉

독자적인 주택의 출현, 고대 도시
기원전 3500년경 도시의 발상지에서 각각
개성 있는 주거 문화가 형성되어 이후
지속적으로 발전하였다.
메소포타미아 지역에서는 2층 주택이
발달하였다. 1층은 객실과 부엌, 작업장 등의
공용 공간으로, 2층은 침실 위주의 사적
공간으로 사용하였다.
이집트 지역의 주택은 흙벽돌을 쌓아 벽을
만들고 그 위에 마른 풀을 엮어 얹은 후 흙을
발라서 천장을 만드는 방식으로 지었다. 창은
최대한 작게 만들었으며, 유약을 칠한 타일을
장식으로 사용했다.

공동주택의 등장, 로마제국
로마제국 시대에 등장한 공동주택은 '인슐라'
라고 불렀으며, 5~6층 정도의 규모로 길가쪽
벽면에 창이 나란히 나 있고 가운데는 마당이
있는 형식이 일반적이었다. 공동화장실과
공동욕장을 사용했기 때문에 화장실과 샤워
시설은 갖추지 않았다.
로마의 상류계층은 '도무스'라 불리는 규모가
큰 단독주택에 거주하였다. 주택의 앞뒤로 두
개의 마당이 있었는데, 앞마당을 중심으로 남자
위주의 접객 공간이, 뒷마당을 중심으로 가족의
생활 공간이 형성되어 있었다.

소박한 실용주의, 중세
전쟁이 끊이지 않던 중세 초기에는 요새
형태의 '주거 타워'가 등장했다. 총을 쏠 수
있는 좁은 창을 설치하였고 뜨거운 물이나
기름을 내리부을 수 있는 돌출된 공간을
설치하기도 했다. 출입구는 지면보다 한층 높아
사다리를 통해 출입했고, 사다리를 제거하면
주택으로 진입하는 것이 거의 불가능했다.
중세 후기에는 건물 모서리에 추녀가 없고
지붕의 측면 벽이 삼각형으로 된 박공지붕
형태의 주택이 등장했다. 도시에 사는 주민
대부분이 상업과 수공업에 종사하였기 때문에
주택은 가게와 작업장으로도 함께 사용되었다.
연속된 주택들의 뒤쪽에 마련한 공동마당을
중심으로 작은 공동사회를 형성하였다.

고대 이집트 주택

로마제국 상류 주택 '도무스(domus)'

중세 후기 '박공형 주택'

르네상스 시대 건축가 안드레아 팔라리오의
'빌라 로톤다(Villa Rotonda)'

근세 영국의 '타운하우스'

산업혁명 이후 윌리엄 모리스의
'붉은집(Red House)'

1500 〉

고전의 부활, 르네상스
대상인이 등장한 르네상스 시대에는 주택의
규모가 커지기 시작하였다. 대상인들은
도시에 5~6층 규모의 주상복합 저택 '팔라초
(palazzo)'를, 교외에는 별장식 저택인 '빌라
(villa)'를 소유하였다. 서민과 노동자 들은 대개
넓은 뜰과 중정이 있는 집합주택에서 살았다.

1700 〉

합리적인 공동주택의 등장, 근세
근세의 중산계층이자 엘리트 계층이었던
상공인, 학자, 관리 등 전문 직업인들은 수십
채의 주택이 모여 커다란 단지를 이루는
'타운하우스'에서 생활하였다. 특히, 영국에서
유행했던 타운하우스는 전면이 길과 광장을
향하고 주택 뒤쪽에 정원이 자리 잡은 구조를
가지고 있었다. 독립주택과 집합주택의 장점을
동시에 가지고 있었던 타운하우스는 아파트가
출현하기 전의 공동주택 형태이다.

1800 〉

주택의 새로운 의미, 산업혁명 이후
산업혁명이 일어나면서 도시의 규모가
확대되고 도시로 유입되는 촌촌 인구가 급격히
늘어났다. 이로 인하여 도시가 과밀해지고
슬럼화 되자 중산계층들은 도시를 떠나 교외로
이주하였다. 이에 따라 교외형 단독주택이
새로운 주거 형식으로 자리 잡았다. 또한
주택 내부에서의 프라이버시와 공간적 여유,
안락함과 편리함 등을 중요시하기 시작하였다.

1900

르 코르뷔제의 '빌라 사브와(Villa Savoy)'

깔끔한 기능주의, 근대
근대에 들어와 합리성을 중시하는 사회
분위기가 주택에도 반영되었다. 이전의
화려하고 장식적인 요소는 합리적이지 못한
것으로 여겨졌고, 주택은 살기 위한 기계라는
주택의 기계적 측면이 강조되었다. 때문에 탁
트인 내부 공간과 장식 없는 외관이 유행하였다.

03
도시인의 숙제, 주택 문제

급격한 도시화와 산업화에 따라 도시로 많은 사람들이 모이면서 도시의 주택에도 많은
변화가 생겨났다. 이에 따라 도시인들은 열악한 주거환경, 획일적인 아파트 위주의 주거
형태, 사라진 주거 공동체 의식 등의 고민거리를 가지게 되었다.

열악한 주거환경

급격한 도시화로 도시에 많은 사람이 모이면서 주택의 과밀화 현상이 발생
하였고, 주거 공간의 물리적 환경이 점점 열악해지고 있다. 주택가는 좁은
골목길을 사이에 두고 집들이 다닥다닥 붙어 있는 곳이 많다. 게다가 소방
도로*에까지 차량이 주차되어 있는 경우가 많아 화재 등의 응급 상황 발생
시에는 위험한 결과를 초래할 수도 있다.

　　열악한 주거환경은 아파트의 경우도 마찬가지이다. 성냥갑 같은 아파트
건물 숲 이외의 나머지 공간은 대부분이 주차 공간으로 메워져 있으며, 건
물이 밀집되어 있다 보니 일조환경이 열악하여 개방감이 상실되고 있다.
무엇보다도 녹지 공간이 매우 부족하고, 아이들이 신나게 뛰어놀 수 있는
공간이나 주민들이 휴식을 즐길 만한 여유 공간도 부족하여 매우 삭막한
느낌이다. 이런 열악한 주거환경은 도시민 삶의 질을 낮아지게 하는 주요
요인이다.

똑같은 도시 경관

도시 인구가 증가하고 주택난이 점점 심각해지자, 토지를 집약적으로 이

소방도로
주택이나 상가 등의 이면에 사람과
차들이 같이 통행하면서 유사시
긴급 차량이 접근하는 데 꼭
필요한 도로를 말한다.

용하는 동시에 주택을 효율적으로 공급할 수 있는 아파트가 대표적인 주거 유형으로 등장했다. 더욱이 인구의 분산 및 주택난 해결을 위해 개발된 수도권 5개 신도시* 건설은 우리나라의 고밀·초고층 아파트 개발을 더욱 가속화하는 계기가 되었다. 이에 따라 어디를 둘러보아도 모두 똑같은 외관의 아파트가 도시를 차지하고 있어 도시 경관을 단조롭게 만들고 있다.

똑같은 것은 아파트의 외부 경관만이 아니다. 아파트의 내부 공간 또한 일률적인 설계로 건축되어 옆집, 윗집, 우리 집이 모두 똑같은 내부 구조를 가지고 있다. 양적인 공급에만 치중한 나머지 주택을 삶의 공간으로 배려하지 않은 결과이다.

수도권 5개 신도시
1980년대 후반, 수도권의 인구 과밀로 인한 주택 가격의 급상승 및 주택 부족 현상 완화를 목적으로 분당, 일산, 평촌, 산본, 중동의 수도권 5개 지역에 건설한 신도시이다.

사람을 공격하는 집

새집증후군은 화학물질로 이루어진 건축 자재를 사용해 생기는 일종의 문명병이다. 새 집이나 리모델링 주택에 사용하는 건축 자재와 벽지 등에서 휘발성 유독 가스가 배출되어 아토피성 피부염이나 천식 등 각종 알레르기성 질환을 일으킨다. 나무로 기둥을 세우고 진흙으로 벽을 발라 집을 짓던 시절에는 없던 질환이다.

새집증후군은 주택의 질적인 부분은 고려하지 않은 채 화학물질 가득한 건축 자재를 남용한 결과이다. 우리 손으로 건설한 집들이 우리를 병들게 하고 있다.

사라지는 주거 공동체 의식

아파트가 대표적인 주거 양식으로 자리 잡으면서 이웃에 누가 사는지, 어떤 일들이 벌어지는지도 모르는 극히 개인주의적인 주거 문화가 팽배하고 있다. 반면, 이웃 간의 갈등은 빈번하게 발생한다. 옆집이나 윗집에서 발생하는 소음으로 인해 주민들 간에 싸움이 일어나거나 밀집한 주택 단지에서 주차 문제로 이웃 관계에 금이 가기도 한다. 남을 배려하는 생활 규칙의 부재로 인하여 더불어 살아가는 주거 공동체 의식이 사라지고 있다.

04

삶터 가꾸기

삶터를 가꾸는 노력을 게을리하면, 우리 삶터는 병들고 만다. 보다 나은 삶을 위하여 끊임없이 노력하듯, 보다 나은 우리의 삶터도 지속적인 관심과 노력에 의해서 지켜 나갈 수 있다.

모든 국민이 질 높은 주거복지를 누리는 나라

도시화가 급격히 진행되면서 주택이 부족해지자 좋은 주택을 공급하는 것보다 많은 주택을 공급하는 것에만 치우치게 되었다. 그 결과, 우리의 주거 환경은 많이 열악해졌다. 이제는 우리 삶터의 질을 높일 수 있도록 모두가 노력해야 할 때다.

무엇보다도 주차장으로 둔갑한 삭막하기 그지없는 아파트 단지 내 도로와 주택가 도로를 녹지로 되돌리는 일이 필요하다. 최근 신축하는 아파트 단지들은 지하에 주차장을 만들고, 지상에는 공원과 커뮤니티 시설을 조성하는 사례가 많아졌다. 주택가에서도 쾌적한 주거 환경을 조성하기 위한 '그린파

그린파킹 사업
주택가의 담장을 허물어 주차장을 만들고, 주택가 도로는 사람 중심의 보도와 쾌적한 녹지 쉼터로 조성하는 사업이다. 골목길의 불법 주차를 막아 보행 공간을 확보하고, 자투리땅에는 나무를 심어 쾌적한 주거 환경을 만들어 나가고 있다.

그린파킹 사업 후

해비타트 봉사 활동 모습

킹 사업*'을 활발히 추진하고 있다. 시설이 낡고 노후한 어린이 놀이터를 리모델링하여 새로운 쉼터를 마련하는 사례도 늘어나고 있다. 모두가 회색 콘크리트 공간에 생기를 불어넣기 위한 노력들이다.

한편, 무주택 서민들을 돕기 위하여 활발히 펼쳐지고 있는 '해비타트(Habitat)*' 봉사 활동은 모두가 함께 질 높은 주거복지를 누리고자 행하는 작은 노력이다. 질 높은 주거복지는 정부의 다양한 정책 지원과 우리 모두의 노력으로 이루어질 수 있다.

해비타트
무주택 서민의 주거 문제를 해결하고자 1976년 미국에서 창설된 국제적 민간 운동 단체이다. 각종 사회 단체가 가난한 이웃을 도와 보금자리를 제공하는 것이다. 이 운동의 특징은, 재료는 각 기업의 지원을 받고 설계에서부터 막일까지 모두 자원봉사를 통해 이루어진다는 데 있다.

다양한 집을 위한 노력

아파트가 대량 공급되면서 우리 고유의 전통적인 주거 형태는 점차 외면당하고, 아파트가 우리나라 주택 양식을 대표하게 되었다. 그러나 최근 들어 아파트의 외관과 내부 구조를 다양화하는 시도가 서서히 일어나고 있다. 천편일률적인 형태에서 벗어나 디자인과 높이가 다양해지고, 아파트 내부 공간도 입주자 취향에 맞추어 변화시킬 수 있는 가변 구조를 도입하기도 한다.

또한 공동주택과 단독주택의 장점을 결합하려는 시도가 이루어지고 있다. 예를 들어, 타운하우스는 2~3층의 주택들이 모여 정원과 담을 공유하는 형태로 아파트의 편리성과 단독주택의 쾌적함을 함께 누릴 수 있는 장

타운하우스와 테라스하우스(사진 제공: 현대건설)

점이 있다. 수영장이나 놀이터, 농장 등을 공동으로 사용함으로써 좁은 공간을 활용하여 공동체 의식을 높일 수 있다. 또 테라스하우스는 아래층의 지붕을 위층의 테라스로 이용하는 주거 형태로 자신만의 정원이나 마당을 활용할 수 있는 장점이 있다. 이러한 다양한 주거 형태를 통해 아파트 일색의 도시 경관을 개성 있게 조성하고, 거주자들에게는 개인의 필요와 취향에 맞는 주거 선택의 기회를 제공할 수 있다.

한편, 옛 주거 문화에 대한 연구를 통해 한국적인 집을 창조적으로 설계하고자 하는 전문가와 시민도 점차 늘어나고 있다. 이에 따라 최근 분양되는 몇몇 아파트에는 우리의 전통적인 주거 형태에서 나타나는 디자인 특성을 적용하고 있다. 평범한 주택에 우리 고유의 전통성을 다시 부여하려는 노력이 엿보인다.

이러한 다양한 노력을 바탕으로, 이제는 아파트 중심의 주거 문화에서 벗어나 거주자의 개성을 반영할 수 있는 다양한 주택의 공급이 이루어져야겠다. 우리 도시에 우리만의 다양하고 개성 있는 주거 문화가 자리 잡을 수 있기를 기대한다.

전통 주택과 현대 주택의 결합

● 한국적이어서 멋있는 북촌 한옥마을

북촌은 600년 고도 서울의 중심부이자 경복궁과 창덕궁 사이에 위치한 우리나라 대표 한옥 밀집 지역으로, 청계천과 종로의 윗동네라는 의미에서 북촌이라는 이름을 얻었으며 예로부터 왕실의 고위 관리나 왕족의 주거지로 자리매김해 왔다.

북촌의 고유 문화 가치를 인식한 서울시는 1977년 북촌을 '한옥 보존 마을'로 선포하여 보호하고 보존하는 데 노력을 기울여 왔지만 규제에만 치우친 보존 정책은 한옥 거주 주민들의 주거 환경을 악화시켰고, 북촌은 사라져 갈 위기에 처하게 되었다.

이에 대한 적극적인 대책 마련이 필요하게 됨에 따라 1990년대 서울시는 북촌을 비롯한 도심부 전통 문화 지대의 복원과 정비를 위한 계획을 세우고 2000년대에는 훼손된 북촌을 가꾸는 사업을 본격적으로 시작하였다. 이후 북촌은 서울시와 북촌 주민, 학계 및 전문가 사이의 협력을 통해 전통과 현대가 공존하는 도심 속 전통 주거지로서의 활력을 되찾게 되었다.

친환경 건축

주택의 신축과 재건축·재개발이 어느 때보다도 활발하게 이루어지는 요즘, 주택을 건설할 때 친환경 요소를 고려하는 것은 필수이다. 특히, 새집 증후군 등의 피해를 줄이기 위해서는 환경 친화적인 자재를 사용하는 것은 물론, 에너지 절약형 설계와 환경에 순응하는 설계를 목표로 하는 친환경 건축의 개념이 매우 중요하다. 이를 위하여 정부에서는 2002년부터 건축물의 환경 영향을 평가하여 환경 성과가 우수한 건축물을 인증하는 '친환경 건축물 인증 제도'를 도입하여 시행하고 있다. 이를 통하여 건축물로 인한 환경 영향을 최소화하고 에너지 등의 자원 사용을 효율화하며 쾌적한 주거 환경을 조성함으로써, 환경 보호뿐 아니라 경제 발전에도 기여할 수 있으리라 기대한다.

인간을 자연의 하나로 보고 순응하는 환경 친화적 건축을 통해 우리의 주택이 좀 더 건강해질 수 있을 것이다.

친환경 건축물 인증 명판

환경 친화적 태양열 주택

환경 친화적 주거 단지

함께 사는 우리 삶터

이웃과 단절되고 삭막해진 주거 문화를 복원하기 위하여, 주민들의 정서와 삶의 질을 향상시켜 주는 주거 공동체의 중요성이 점점 커지고 있다. 요즘 아파트 단지 내에서 축제나 장터 등이 열리는 풍경을 종종 찾아볼 수 있다. 모두 건강한 공동체 문화를 만들어 가기 위한 노력이다.

최근 아파트 담장을 허물고 그 여유 공간에 주민들이 이용할 수 있는 가로 화단이나 쉼터, 벤치, 조경석 등을 설치하는 '아파트 담장 허물기'를 많이 추진하고 있다. 아파트 단지의 담장 허물기는 주거 공동체 형성에 도움을 줌으로써, 이웃과 어울려 살아갈 수 있는 좋은 기회를 제공한다. 즉, 물리적인 담뿐만 아니라 주민들 간의 마음의 벽도 서서히 허물 수 있는 기회를 제공하는 것이다.

나 혼자가 아닌 우리 모두가 함께 참여할 때 비로소 담장으로 닫힌 아파트 공간을 열린 공간으로 변화시킬 수 있다. 우리가 보다 나은 삶을 위하여 끊임없이 노력하듯, 보다 나은 우리의 삶터를 위하여 지속적인 관심과 노력을 기울일 때 우리 삶의 터전인 주택을 더욱 소중하게 가꾸어 나갈 수 있다.

아파트 담장을 허물고 조성한 걷고 싶은 거리

아파트 장터와 아파트 축제

주민들이 만들어 가는 '굴화두레마을'

울산광역시 남구 무거동 '굴화두레마을'은 1997년 입주를 시작할 때 굴화 주공1단지 아파트였지만, 2000년 봄 상부상조의 의미가 담긴 '두레'로 이름을 바꿨다.

이 아파트는 외관부터 다른 아파트들과는 다르다. 아파트 시공사의 로고나 아파트 이름만 쓰여 있는 보통의 아파트와 달리 그림으로 외벽을 장식한 것이다. 굴화두레마을 주민들은 아파트의 이미지를 부각시킬 수 있는 디자인으로 사군자를 택해 그려 넣었다.

아파트의 외관뿐만 아니라, 주민들은 입주 초부터 공동체의 민주적 운영을 위해 12개동 대표로 12명의 입주자대표회의를 구성해 주민들과 관련된 모든 사안을 결정해 왔다. 소속감을 높이기 위해 정월 대보름에는 민속놀이 한마당, 봄에는 벚꽃축제, 가을에는 사생대회를 열고, 실직자 또는 저소득 자녀를 위한 공부방도 운영한다.

주민들은 불편을 감수하고라도 자녀들을 푸른 숲에서 기르자는 데에도 합의했다. 주차장을 늘리고 싶은 욕심을 버리고 환경부에서 지원받은 녹색기금 1억 원으로 단지 안에 작은 도랑을 꾸몄다. 도심지 아파트 단지 내에 미꾸라지와 가재, 잠자리, 나비 등의 작은 동·식물이 살아갈 수 있는 소규모 생태공원이 탄생한 것이다. 연못에서 흘러나온 물이 주민 휴식 공간을 돌아 관리사무소 앞을 거쳐 다시 연못으로 순환하는 자원 순환형 시스템으로 설계됐다.

오스트리아, 빈

오스트리아 빈의 '훈데르트바서하우스(Hundertwasser Haus)'는 이상적인 주거 건물을 지어 보자는 시 당국의 건의로 미술가이자 건축가인 생태주의자 프리덴슈라이히 훈데르트바서(1928~2000)가 1985년 10월에 건설한 주거 건물이다. 3층에서 9층까지 다양한 층수의 건물로 이루어진 집합주택으로, 총 주택 수는 52호이고, 상점은 5호이며, 공동 공간인 어린이 놀이터 두 곳, 윈터가든과 카페가 있다.

훈데르트바서는 건축에 있어 인간과 자연의 조화를 가장 중요하게 생각하였다. 삭막하고 특징 없는 현대 주택을 피하고 현대인들이 꿈꾸는 이상적인 주거 건축물을 목표로 과거 왕이 살던 왕궁처럼 위엄 있는 집을 짓고자 하였다. 특히 자연 친화적인 건물을 조성하기 위하여 테라스와 옥상 곳곳에 심은 나무들이 건물 전체를 감싸고 있어 생태 환경이 매우 뛰어나다.

훈데르트바서하우스는 동화책에서나 볼 수 있었던 알록달록한 건물뿐 아니라 건물 앞 길과 공터까지도 곡선을 이용한 자연을 닮은 집이다. 관광 명소가 되어 버린 이 집은 시에서 관리하면서 저소득층에게만 입주권을 주고 있어 주거복지 실현 측면에서도 좋은 사례가 되고 있다.

3 도시 성장의 원동력

도시는 오늘도 변하고 있다. 시가지가 확장되어 여러 시설이 들어서거나
새로운 교통로가 생기기도 하고, 아예 새로운 도시가 만들어지기도 한다.
이러한 과정을 통해 도시는 점차 성장한다. 우리 몸이 성장하려면 외부에서
음식물을 섭취해야 하듯, 도시도 성장하려면 외부 지역으로부터 성장에 필요한
것을 들여와야 한다.

01
도시는 경제 활동의 공간

도시는 경제 활동으로 움직인다고 해도 과언이 아니다. 많은 사람들과 기업들이 도시에 모여 다양한 경제 활동을 하고 그 힘으로 도시는 활발하게 움직인다. 도시에서 다양한 경제 활동이 이루어지는 이유는 무엇이고, 도시의 성장과 경제는 어떤 관계가 있는지 알아보자.

도시는 경제 활동의 공간

경제 활동
재화와 서비스를 생산, 분배, 소비하는 모든 활동을 말한다.

우리는 알게 모르게 매일 경제 활동*을 하고 있다. 건물이나 땅을 사고 파는 것부터 사소하게는 김밥이나 피자를 사 먹는 것도 경제 활동이다. 이처

럼 상품을 구입하고 그 대가로 돈을 내는 경제 활동을 '소비', 김밥이나 피자 등의 상품을 만들어 파는 경제 활동을 '생산'이라고 한다. 또한 생산 활동에 참가한 사람들에게 그 대가를 나눠 주는 경제 활동을 '분배'라고 하는데, 종업원에게 월급을 주는 행위가 이에 해당한다. 상품뿐만 아니라 병원과 은행, 학교 등에서 서비스를 생산하고 소비, 분배하는 모든 활동 역시 경제 활동이다.

경제 활동은 도시의 성장 과정에서 자동차의 엔진과도 같은 역할을 한다. 힘 좋은 엔진이 장착되어 있는 자동차가 잘 달리듯이, 경제 활동이 활발한 도시에는 많은 사람들이 모여들어 도시가 성장하게 된다. 반면에 엔진의 힘이 약해지면 자동차가 잘 달리지 못하는 것처럼, 경제 활동이 침체되면 인구가 빠져나가면서 도시가 쇠퇴하게 된다. 즉, 도시의 경제 기반이 튼튼하고 새로운 산업이 생겨나면 도시가 성장하게 되고, 경제 기반이 취약하고 기존 산업이 침체되면 도시는 쇠퇴하게 된다. 이처럼 경제 활동은 도시의 성장을 지속시켜 주는 중요한 요인이기 때문에 도시와 매우 밀접한 관계에 있다.

최소의 비용, 최대의 만족

가장 적은 비용을 들여 가장 크게 만족하는 것이 바람직한 경제 활동이다. 예를 들어, 가격 비교 사이트를 활용해서 가장 값이 싼 MP3 플레이어를 구입하는 것은 가장 만족스러운 경제 활동, 즉 소비를 잘한 것이다. 또한 같은 맛을 내는 두 개의 떡볶이 가게가 있다면 같은 값에 떡볶이를 더 많이 주는 가게에서 사 먹는 것이 더 만족스러울 것이다. 이처럼 최소의 비용으로 최대의 만족을 얻으려고 하는 것이 경제 원칙*이다.

생산을 하는 기업 역시 경제 원칙에 따라 적은 노력으로 많은 효과를 얻으려고 한다. 기업의 입장에서 가장 적은 노력을 들인다는 것은 곧 가장 적은 비용으로 생산을 한다는 것을 뜻한다. 그리고 가장 많은 효과를 얻는다는 것은 수입을 가장 많이 얻는다는 것이다. 수입에서 비용을 뺀 것을 이윤이라고 하는데, 결국 기업의 궁극적인 목표는 이윤 극대화*이다.

경제 원칙
가장 적은 노력(최소의 비용)으로 가장 많은 효과(최대의 만족)를 얻으려고 하는 것이다.

이윤 극대화
재화나 서비스를 팔아서 생긴 수입에서 재화나 서비스를 만드는 데 들어가는 비용을 뺀 이윤을 가장 크게 만드는 것, 즉 이윤 극대화가 기업의 목표다.

모이는 것이 이익

그렇다면 기업 이윤을 극대화하려면 어떤 곳에서 재화나 서비스를 생산해야 할까? 재화나 서비스의 특성에 따라서 다르겠지만 일반적으로는 도시에 모여 생산하는 것이 이윤을 내는 데 도움이 된다. 여러 업종 또는 같은 업종의 기업이 한 지역에 집중하게 될 경우, 개개의 업종들이 멀리 떨어져 있을 때보다 많은 혜택을 누릴 수가 있기 때문이다. 이를 집적 이익* 또는 집적 경제라고 한다. 여러 기업이 한 곳에 모여 있으면 직원을 쉽게 구할 수 있고, 자재 구매나 마케팅을 공동으로 할 수 있기 때문에 비용을 줄일 수 있다. 또한, 다양한 경제 활동을 한 곳에서 하게 되면 그만큼 공공시설이 많이 갖추어져 기업 활동이 여러모로 편리해진다. 동대문시장에 옷가게가 즐비하게 들어서 있거나 큰 병원 주변에 약국이 많은 것은 집적 이익의 대표적인 예이다.

집적 이익
산업이나 인구가 한 지역에 집중됨으로써 발생하는 이익

● 로데오 거리에 숨어 있는 경제 원리

1주일에 평균 100벌의 옷을 판매하는 A라는 옷가게가 있다고 하자. 만약 다른 지역에서 1주일에 평균 100벌의 옷을 판매하던 B 가게가 A 가게 옆으로 이사를 온다면 두 가게의 판매량은 늘어날까, 줄어들까?

아마 A, B 두 가게의 옷 판매량은 200벌 이상으로 늘어날 것이다. 이렇게 예상할 수 있는 이유는 바로 집적 이익 때문이다. 좀 더 구체적으로 말하면 소비자가 옷가게가 따로 떨어져 있는 곳보다는 몰려 있는 곳을 찾기 때문이다. 그래야 옷의 색상이나 디자인은 물론이고 가격도 쉽게 비교할 수 있고 서로 떨어진 옷가게를 방문할 때 드는 시간과 비용도 절약할 수 있다. 이런 이유로 많은 사람들이 옷가게가 모여 있는 지역을 방문하게 되고, 각각의 옷가게도 판매량이 증가하게 되는 것이다. 옷가게가 모여 있는 로데오 거리가 생겨난 것은 이러한 이유에서다. 가구점이 모여 있거나 전자제품 대리점이 모여 있는 이유도 이러한 집적 이익 때문이다.

도시의 발달과 경제

도시의 성장과 발달은 산업의 성장과 불가분의 관계에 있다. 성장하는 산업을 기반으로 하는 도시는 성장하고, 반대로 쇠퇴하는 산업을 주종으로 하는 도시는 쇠퇴한다는 사실을 역사를 통해서 알 수 있다.

최초의 도시   그리스와 로마의 도시

B.C. 3000	B.C. 2000	B.C. 5	B.C. 3
대표 도시 우르, 아이리두 등 (메소포타미아 유역)	**대표 도시** 바빌론	**대표 도시** 아테네	**대표 도시** 로마
인구 2만 5천 명(우르)	**인구** 5만 명	**인구** 15만 명	**인구** 100만 명
경제적 특징 잉여 농산물 저장, 종교·군사 중심지 – 약탈당하기 쉬운 잉여 농산물을 요새화된 중앙저장시설(도시)에 저장		**경제적 특징** 무역 중심의 시장도시 – 가내수공품과 올리브 생산품을 식민지로부터 반입된 식품 및 천연 자원과 교역	**경제적 특징** 무역과 공납 – 유럽 전 지역에 식민지를 건설하고, 이들로부터 잉여 농산물을 공납 받아 로마 시민의 식량 충족

봉건도시

중상주의 도시

산업도시

> 11C ──→ 14C   > 15C   > 19C   >

대표 도시
런던, 베니스 등

인구
영국에서 가장 큰 도시인 런던의 인구가
1만 6000명에 불과했을 정도로
대부분의 도시 인구가 적음

경제적 특징
무역 중심의 시장도시
– 잉여 농산물의 약탈이 어려워지자 생산 활동
  (제조업)을 통해 농촌 지역의 잉여 농산물과
  교역
– 이에 따라 소규모 상인 계급이 발달하고
  수공품 생산과 관련한 제조업 종사자 증가

대표 도시
런던, 나폴리, 파리 등

인구
런던: 25만 명, 나폴리: 24만 명,
파리: 18만 명

경제적 특징
장거리 무역
– 해양 항해 기술의 발달로 새로운 시장을
  발견하고 이에 따라 장거리 무역 증가
– 강과 바다에 항구가 있는 도시는 번창한
  반면 내륙도시 쇠퇴

대표 도시
맨체스터, 버밍엄 등

인구
19세기 초까지 도시에 거주하는 세계의 인구
비율은 겨우 3% 정도였으나, 1800년과
1970년 사이에 도시 지역의 인구 비율은
약 39%로 증가
미국의 경우 도시 지역 인구 비율은 1800년에
6%였으나, 1990년에는 75% 이상으로 증가

경제적 특징
제조업 중심의 공장도시
– 산업혁명으로 제조업과 운송에서 기술
  혁신이 이루어짐
– 생산 활동에 증기를 동력으로 하는 기계를
  사용하여 제조업 크게 발전
– 증기선과 철도 등 교통의 발달로 생산
  활동이 도시로 더욱 집중됨

02
도시의 성장 엔진, 산업

경제 활동이 활발하게 이루어지는가의 여부에 따라 도시는 성장하기도 하고 쇠퇴하기도
한다. 이러한 이유로 경제 활동을 도시의 성장 엔진이라고 한다.

기반 활동과 비기반 활동

도시민들은 대부분 농사를 짓지 않기 때문에 도시 수변에는 도시민들에게 농산물을 공급
해 주는 농촌이 있기 마련이다. 한편 도시민들은 주변 농촌의 농민들에게 필요한 공산품과
서비스를 제공하게 된다. 따라서 도시에서는 도시민 스스로를 위한 재화나 서비스를 생산
해야 하고, 다른 한편으로는 농촌에 제공할 수 있는 재화나 서비스를 생산하게 된다. 이렇
게 도시민 스스로를 위한 재화나 서비스를 생산하는 경제 활동을 '비기반 활동'이라 한다.
반면에 농촌을 포함한 다른 지역에 제공할 재화나 서비스를 생산하는 경제 활동을 '기반 활
동'이라 한다.

　도시 내에 있는 병원, 은행, 슈퍼마켓 등은 도시 내에 있는 주민들에게 필요한 서비스를
제공하는 것이기 때문에 비기반 활동이라 할 수 있다. 그러나 컴퓨터 공장이나 자동차 공
장 등은 도시 내에서만 판매하는 것이 아니라 다른 지역에도 판매하기 때문에 기반 활동이
라 할 수 있다.

　도시에 컴퓨터 생산 공장이 건설되었다고 가정하면, 이 공장에서 생산하는 컴퓨터는 공
장이 건설된 도시의 주민에게만 판매하는 것이 아니라 다른 지역에도 판매하기 때문에 컴
퓨터를 생산하는 활동은 기반 활동이다. 컴퓨터 공장에서 1000명을 고용한다면 그 지역
에는 고용인의 가족들도 새롭게 유입되게 된다. 평균적인 가족의 수를 3명이라고 한다면

3000명의 인구가 증가하는 것이다. 그렇게 되면 3000명의 사람에게 필요한 병원, 은행, 슈퍼마켓 등 비기반 활동이 늘어나고, 뿐만 아니라 컴퓨터 공장에 부품을 제공하는 하청 공장도 들어서면서 도시에는 경제 활동이 계속적으로 증가하게 된다. 이런 점에서 기반 활동은 도시의 성장과 경제 발전을 이루는 엔진이라고 할 수 있다.

제조업에서 서비스업으로

전통적으로 가장 중요한 기반 산업은 제조업이었다. 불과 30년 전만 해도 서울에는 공장이 많이 들어서 있었다. 그러나 현재 서울에서는 대규모 공장을 보기가 쉽지 않다. 공업이 사라진 자리는 어떤 산업이 채우고 있을까? 바로 서비스업이다. 이렇게 공업 중심의 사회에서 서비스 중심의 사회로 전환한 사회를 '탈산업사회'라고 한다. 탈산업사회가 되면서 과거 도시 경제의 중요한 축을 담당하고 있던 제조업이 후퇴하고 서비스업이 도시의 주요 기능으로 등장하게 되었다. 이에 따라 제조업의 생산 시설(공장 등)이 배후지로 점점 자리를 옮겨 가고, 도시에는 서비스 기능을 담당하는 기업 본사와 사무실이 위치하게 되었다.

새로운 도시 성장 엔진, 지식 기반 산업

어떤 재화나 서비스를 생산하기 위해서는 기본적으로 자본과 노동이 필요하다. 이것을 기본적 생산 요소라고 한다. 경제학자들은 20세기가 자본과 노동이 생산 요소의 핵심을 이룬 산업사회였다면, 21세기는 지식이 가장 큰 생산 요소로서 세계 경제를 이끌어 갈 것으로 보고 있다. 이렇게 지식이 핵심적인 역할을 하는 경제를 '지식 기반 경제'라고 하고 그 지식을 토대로 재화 및 서비스를 생산하는 산업을 '지식 기반 산업*'이라고 한다.

그럼, 지식 기반 산업에는 어떤 것이 있을까? 명확하게 지식 기반 산업을 분류하기는 힘들지만, 최근 뉴스나 신문에서 자주 거론되는 IT(Information Technology), BT(Bio Technology), CT(Culture Technology), ET(Environmental Technology), NT(Nano Technology) 등이 모두 지식 기반 산업이다.

그런데 왜 이렇게 지식 기반 산업이 주목받고 있을까? 그것은 지식 기반 산업이 많은 소득과 일자리를 창출해 내기 때문이다. 대표적인 지식 기반 산업인 온라인 게임 '스타크래프트'의 경우에는 1조 1400억 원의 소득과 15만 명 이상의 일자리를 만들었다고 한다. 이처럼 지식 기반 산업의 경제 파급 효과가 큰 것으로 나타나면서 이제는 지식 기반 산업이 도시 경제의 성장 엔진으로 주목받게 된 것이다.

지식 기반 산업
정보와 지식이 부가가치의 창출과 경쟁력의 원천이 되는 산업을 말한다. 우주·항공, 컴퓨터 등과 같은 첨단 기술 산업과 정보 처리, 광고, 마케팅 서비스 등을 포함한다.

21세기를 주도할 지식 기반 산업

● 〈괴물〉의 경제 파급 효과

한국 영화 역대 흥행 1위에 올라선 〈괴물〉의 경제적 파급 효과는 얼마나 될까. 한국은행에 따르면 2000년 산업 연관표를 기준으로 하고 괴물을 본 관객 수를 1300만 명으로 추정해 계산할 경우, 괴물의 흥행 수익은 N자동차 2893대의 부가가치 유발 효과를 거둔 것으로 추산됐다.(2006년 8월 기준)

〈괴물〉의 영화배급사가 발표한 흥행 수익은 약 469억 원이다. 이 금액에 한국은행이 제시한 영화산업 생산유발계 수(1.928)를 곱하면 생산유발액은 904억 원이 된다. 또 영화산업 취업유발계수는 10억 원당 30명으로, 영화 〈괴물〉의 고용 창출 효과는 지금까지 1176명에 이르는 것으로 파악됐다. 이를 N자동차 가격을 적용해 자동차 1대 생산의 경제적 파급 효과와 비교하면 생산유발액은 1908대, 부가가치유발액은 2893대, 취업유발인원은 4309대와 맞먹는다.

흥행 수익이 아닌 입장료 7000원을 1300만 관객 수에 일괄적으로 적용한 총 수입액을 기준으로 하면 〈괴물〉의 경제적 효과는 더 커진다. 총 수입액은 910억 원으로 이에 따른 생산유발액은 1755억 원, 부가가치유발액은 772 억 원, 취업유발인원은 2282명으로 나온다. N자동차와 경제적 파급 효과를 비교하면 생산유발액은 3701대, 부가 가치유발액은 5613대, 취업유발인원은 8361대로 늘어난다.

03

변화하는 도시 공간

도시에서는 다양한 경제 활동이 이루어지며 이에 따라 도시 공간도 변화한다. 높은 빌딩들이 늘어서 있는 곳이 있는가 하면 주택가가 밀집되어 있는 곳도 있다. 최근에는 정보통신기술의 발달로 도시 형태가 더욱 다양해지고 있다.

동심원의 도시 형태

도시에는 다양한 산업들이 적재적소에 배치되어 있다. 언뜻 무질서하게 입지해 있는 것처럼 보여도 실제로는 경제 원칙에 의해 자리를 잡고 있다. 다시 말해서 비용은 최소화하고 수입은 최대화할 수 있는 장소에 입지하는 것이다.

입지할 때 드는 비용은 임대료, 즉 지대라 한다. 일반적으로 지대는 도심이 가장 비싸고, 도심에서 멀어질수록 낮다. 그렇다면 지대가 가장 비싼 도심에는 어떤 산업들이 입지할까? 일반적으로 도심에는 사무 공간, 은행, 호텔, 전문 상가 등이 집적되어 있는 '중심업무지구 (Capital Business District)'가 형성된다. 지대가 비싸더라도 주요 고객인 기업들이 모여 있어 수입을 최대화할 수 있기 때문이다. 이어서 그 주변 지역에는 인쇄, 출판, 의류 등의 도시형 공업지구가 형성되며, 도시 외곽에는 주거지역이 입지하게 된다.

도시 전 지역에 제품이나 서비스를 판매하는 상업 활동의 최고 중심지에 해당하는 중심업무지구는 도시에서 매우 적은 공간을 점유하고 있지만 핵심적인 경제 활동이 일어나는 곳이다. 이 곳은 고층 건물이 밀집되어 있고, 교통도 복잡하다. 이 지역에는 기업 본사, 은행 본점, 고급 상점 및 백화점, 업무용 호텔, 각종 쇼핑 시설 등이 밀집되어 있어 주간에는 많은 사람들이 왕래하지만 야간에는 인구가 빠져나가 사람들의 왕래가 적어진다.

중심업무지구를 넘어서면 출판, 인쇄, 의류 등의 도시형 경공업 업종뿐만 아니라 도시에

동심원의 도시 형태
1 중심업무지구
2 점이지역
3 노동자 주거지역
4 중산층 주거지역
5 베드타운

따라 다양한 제조업 활동이 이루어지는 공업지구와 주택이 혼재하는 '점이지역'이 나타난다. 점이지역의 바깥으로는 중심업무지구에 직장을 가진 노동자들의 주거지역과 중심업무지구에서 일하는 전문직 종사자 등의 중산층 주거지역이 형성되며, 도시 외곽에는 중심업무지구로 출퇴근할 수 있는 거리에 위치한 지역에 잠자는 기능이 대부분인 '베드타운*'이 형성된다. 일반적으로 주거지역의 교외화 현상은 도심의 높은 지가, 소득 증가, 교통 혼잡, 빈곤층의 도심부 집중 등의 이유 때문에 일어난다.

베드타운
중심도시의 주택지역으로 특화된 위성도시로, 일산, 평촌, 분당 등이 대표적인 예이다. 베드타운은 대도시 주택 문제를 해결할 수 있다는 장점이 있으나, 도시 간에 많은 통근 교통이 발생하여 환경 문제를 유발하는 단점을 갖고 있다.

● 전국에서 땅값이 가장 비싼 지역

국토해양부가 발표한 올해 개별공시지가에 따르면 충무로 1가 24-2번지로 현재 화장품 판매점인 '네이처 리퍼블릭' 자리(옛 명동 파스쿠치 자리)다. 이곳 공시지가는 ㎡당 6230만 원, 3.3㎡로 따지면 2억 원을 넘어선다. 지난 2005년부터 6년 간 땅값 1위 자리를 고수하고 있다. (아시아경제 2010년 5월 30일)

서울에서 가장 땅값이 높은 곳이 전국에서 가장 땅값이 높다는 것은 두말하면 잔소리다. 그렇다면 명동의 땅값은 왜 이렇게 비싼 것일까? 명동은 하루 150만 명 이상의 유동인구를 자랑하는 핵심 상권이다. 특히 유동인구의 대다수가 10~20대 여성으로 최신 유행의 첨병 역할을 하고 있어 더욱 중요하다. 이 때문에 명동은 전국 땅값 1위에서 10위를 차지하는 금싸라기 땅을 다른 지역에 내주지 않고 있다.

정보통신기술의 발달로 바뀌는 도시

정보통신기술
전기 통신과 컴퓨터를 결합한
고도의 신사회 기반을 형성하는
기술

정보통신기술*의 발달로 우리의 생활은 점점 편해지고 있다. 예전 같으면 멀리 이동해서 해야 할 일들을 집에서도 손쉽게 처리할 수 있게 되었다. 홈쇼핑, 전자상거래, 인터넷뱅킹, 원격교육 등을 통해 이제는 집에서 쇼핑할 수도 있고, 돈을 송금할 수도 있고, 교육을 받을 수도 있다. 그렇다면 이러한 정보통신기술의 발달은 도시의 공간 구조에 어떤 영향을 미칠까? 대부분의 학자들은 정보통신기술의 발달 때문에 경제 활동이 모일 필요가 없어져 산업들이 도심에서 벗어나게 될 것이라고 한다.

재택근무를 예로 들어 생각해 보자. 재택근무는 원격근무라고도 하며, 정보통신망을 이용하여 회사로 출·퇴근하지 않고 집에서 업무를 처리하는 것을 말한다. 최근 정보통신기술이 발달하면서 재택근무를 하는 회사가 늘어나고 있다. 재택근무를 하면 많은 이점이 있다. 우선 직장인은 장거리, 장시간 출·퇴근에 따른 교통 체증, 시간 소모 등의 고통에 시달리지 않아도 된다. 사업주도 능력 있는 노동자를 지역에 상관없이 채용할 수 있고, 필요한 업무 공간을 줄여 사무실의 건축 및 유지에 드는 비용을 절약할 수 있다. 사회 전체적으로 볼 때도, 자동차 이용 감소에 따른 교통 혼잡 완화, 에너지 절약, 환경 오염 감소 등의 이점이 발생한다.

그럼, 재택근무의 확산은 도시 형태에 어떤 영향을 미칠까? 사람들이 복잡한 도시보다 쾌적한 환경을 갖춘 외곽으로 이주하는 현상이 나타날 것임을 쉽게 예상할 수 있다. 사무실 역시 굳이 임대료가 비싼 도심에 자리 잡을 필요가 없어져 외곽으로 점점 옮겨 가게 될 것이다. 굳이 고객과 접촉하지 않고도 이메일이나 원격통신을 통해서 고객을 접할 수가 있게 되었기 때문이다.

홈쇼핑과 전자상거래가 활성화되면서 이제는 매장에 직접 가지 않더라도 집에서 전화나 인터넷을 통해 제품을 구입할 수 있게 되었다. 이러한 홈쇼핑과 전자상거래 활성화는 도시에 많은 영향을 미치고 있다. 우선 상품을 전시, 진열하고 판매하는 매장의 필요성이 줄어들었고, 소매점까지 제품을 운반할 필요도 없어졌다. 따라서 도시 내의 상업 공간도 줄어들고, 도시 교통 수요도 감소하였다. 한편 기업체들은 굳이 복잡하고 값비싼 도심에 있어야 할 필요성이 줄어들면서 쾌적하면서도 값싼 주변 지역으로 옮겨 가고 있다.

홈쇼핑과 전자상거래의 활성화와 마찬가지로 원격교육과 인터넷뱅킹의 확대도 도시에 영향을 미치고 있다. 학생들은 굳이 교육을 받으러 학교에 갈 필요가 없어지게 되었고, 은행은 지점 수, 즉 업무 공간을 축소할 수 있게 되었다.

공업단지에서 디지털산업단지로, '서울디지털산업단지'

지금은 역사 속으로 사라진 구로공단(현, 서울디지털산업단지)은 1964년 논밭과 황무지로 덮여 있던 구로에 섬유공장들이 들어서면서 조성되었다. 공장 매연, 기계 소음 등 열악한 근로 조건 속에서도 구로공단은 지속적으로 성장하여 1960년대 후반부터 국가 수출을 선도하는 핵심 공단이 되었다. 특히 섬유와 봉제 산업은 10년 넘게 구로공단 수출액의 평균 44%를 차지하며 대표 산업으로 입지를 굳혔다. 1980년대 중반부터는 점점 섬유 공업의 수출이 줄면서 전기·전자 업종이 수출 1위 업종으로 바뀌었다. 그러나 점점 동남아시아와 중국의 저가 상품이 시장을 잠식해 와 전기·전자 업종의 성장세도 둔화되었고, 구로공단에 입주해 있던 공장들은 임금이 싼 해외로 빠져나가게 되었다. 이 시기부터 구로공단에서의 산업공동화 현상이 나타나기 시작했다.

2000년을 넘어서면서 구로공단은 변화를 꾀했다. 벤처·지식 산업의 집적지, 디지털밸리로의 변화를 꾀하면서 과감하게 이름도 '서울디지털산업단지'로 바꾸었다. 구로 지역에는 현재 5700여 개 중소 제조업체들이 입주해 있다. 전체 입주 업체 중 정보통신기술 업체 비중은 80%에 육박해 이제는 당당히 디지털산업단지로서의 면모를 갖추게 됐다. 반면에 구로공단 시절 주력 업종이었던 섬유·봉제 업체와 인쇄 업체 수는 10%도 되지 않는다.

서울디지털산업단지 전경

미국, 실리콘밸리

실리콘밸리는 미국의 캘리포니아 주 샌프란시스코 만을 둘러싼 샌프란시스코 반도 초입에 위치하는 샌타클래라 일대의 첨단 기술 연구 단지이다. 이 곳은 12월에서 3월까지를 제외하고는 연중 비가 내리지 않아 전자 산업에 가장 이상적인 환경을 갖추었고, 스탠퍼드 대학교, 버클리 대학교, 샌타클래라 대학교 등 명문 대학이 가까이에 있어 우수한 인력을 확보하기 쉬운 입지 조건을 갖추었다.

또 캘리포니아 주 정부의 전자회사 유치를 위한 세제상 특혜로 인하여 세계 유수의 반도체 산업이 한데 모인 첨단 기술의 전진기지가 되었다. 연구 단지의 명칭은 반도체 재료인 '실리콘'과 완만한 기복으로 펼쳐지는 샌타클래라 밸리의 '밸리'를 결합한 것으로 1970년대 초부터 널리 쓰이기 시작했다.

오늘날에는 반도체 생산뿐만 아니라 반도체가 만들어 내는 온갖 종류의 마이크로일렉트로닉스 관련 기업도 약 80개 사가 참여하여 첨단 기술 분야에서의 기술 혁신, 벤처비즈니스, 벤처캐피탈에 의해서 산업 복합체가 형성되어 있다. 이 곳에서 급성장한 대표적 기업으로는 페어차일드, 인텔 등의 반도체 관련 기업이 있다. 국내 기업으로는 1983년 현대전자를 비롯하여 삼성전자, LG전자 등의 전자회사가 진출하였으며 한국인이 운영하는 소규모 기업도 20여 개가 된다.

실리콘밸리 전경

4 교통은 곧 소통

교통은 좁은 의미로 '사람이나 재화 등의 장소적 이동'을 의미한다. 조금 넓게는
'수송 및 전달과 직·간접적인 모든 행위와 조직 체계'를 뜻한다. 사람은 도시와
도시를 이동하며 생활을 하기 때문에 도시와 도시를 잇는 교통의 발달은 어쩌면
당연한 것이다. 공간적 거리를 극복해 주는 교통에 대해 알아보자.

01

도시와 세계를 잇는 교통

도시가 발달하면서 도시와 도시를 연결하는 교통도 함께 발달했다. 그 동안 사람들은
거리를 극복하기 위해 어떤 노력을 하였으며 교통이 어떻게 변화하였는지 살펴보고,
교통의 발달이 도시의 발전과 어떤 관계가 있는지 알아보자.

거리의 차이를 극복하는 움직임

교통
'오고 가는 일, 떨어진 지역 간
사람의 왕복, 화물의 수송, 기차·
자동차 등으로 운행하는 일'을
의미한다. 영어로는 'transport'
라고 하며 '가로지르다'라는 뜻의
'trans'와 '넘어서'라는 뜻의 'porte'
의 복합적 의미를 지닌다.

교통*은 사람이나 재화를 한 장소에서 다른 장소로 이동하는 것이나, 통근
이나 통학, 여행을 위해 사람이 이동하는 것, 농·수산물 등을 화물로 수송
하는 것을 교통이라고 하며, 넓게는 지역 간의 정보 전달도 교통이라고 할
수 있다. 이렇듯 교통은 거리라는 장애를 인식하고 이를 극복하기 위해 공
간을 이동하는 것이다. 대화가 가능한 좁은 공간에서의 움직임, 길 없는 들
판에서의 방황, 자연 현상으로 인한 물과 흙의 이동은 교통이라 할 수 없다.

이를 정리하면 교통은 거리 장애를 반복적으로 극복하고자 하는 사람과 화물, 정보의 공간적 이동이라 할 수 있다.

다양한 운송수단의 발달로 인간은 더 나은 서비스, 저렴한 운임으로 공간을 극복해 왔다. 이러한 교통은 장소 간 거리 제약을 극복함으로써 생산과 소비의 효율성을 높일 수 있다.

도시의 동맥

교통은 의식주와 마찬가지로 우리 생활에 없어서는 안 될 기본 요소이다. 현대 사회에서는 많은 할거리, 볼거리 들이 공간적으로 떨어져 있어 인간은 필요한 재화와 용역을 얻기 위해 이동해야 한다. 어떤 장소나 시설에 적은 비용으로 빠른 시간에 도달하는 능력은 우리 삶의 질, 더 나아가 국가 경쟁력에도 상당한 영향을 미칠 수 있다.

교통은 특히 도시의 성장에 많은 영향을 준다. 우리 몸이 피의 흐름에 의해 생기와 에너지를 공급받는 것처럼, 도시 조직은 커뮤니케이션 망과 교통수단에 의해 사회·경제·문화 활동을 공급받는다. 도시에서 경제 활동을 하는 인구가 늘어나면 사람과 화물의 이동이 필요하게 되고, 이에 따라 교통수단과 교통로가 발달한다. 또 교통이 발달한 곳에는 일자리와 사람이 모여들어 그에 따른 서비스와 시설이 증가하고 도시가 발달한다. 교통을 중심으로 도시 전체가 순환적으로 변화하고 성장하게 되는 것이다. 인간의 사회·경제 활동을 보조해 주는 교통은 우리 몸의 동맥과도 같다고 할 수 있다.

교통수단의 선택

우리가 이용할 수 있는 교통수단에는 여러 가지가 있다. 이들 교통수단은 그 종류에 따라 이용하는 대상과 비용, 시간 등에 차이가 있다.

짧은 거리를 이동할 때는 이용하기 편리한 도로교통수단이 유리하다. 장거리 이동을 할 때는 비싼 운임을 치러야 하지만 항공교통수단이 효율적이다. 또한 무거운 화물을 먼 곳까지 수송할 때는 해상교통수단을 이용하는 것이 합리적이다. 이렇듯 거리와 비용, 화물의 크기와 무게, 속도 등을 고려하여 적합한 교통수단을 선택할 수 있다.

그러나 교통수단의 선택이 자유롭지 못한 곳도 있다. 도로나 철길 등 기반 시설이 없는 곳에서는 동물을 교통수단으로 이용하기도 하는데, 예를 들어, 뜨거운 사막에서는 낙타를 타고 다니며 북극과 남극 지방에서는 순록을 이용하여 짐을 싣고 다닌다.

위에서 살펴본 다양한 교통수단 중 우리 도시에서 실질적으로 이용되는 교통수단은 무엇이 있을까? 우리는 도시 내에서 통근과 통학, 여가 활동과 물건의 운반 등을 위해 거의 매일 이동한다. 이러한 이동은 타 지역으로의 장거리·장시간 이동과는 차이가 있다. 도시교통수단은 도시 내의 여러 장소를 오가며 사람이나 화물을 실어 나른다. 도시의 특성에 따라 조금씩 달라질 수 있지만 도시교통수단으로는 주로 자가용 차량, 버스, 택시, 자전거 등의 도로교통수단과 철도교통수단이 이용되고 있다. 도시교통수단은 이용자와 운행 스케줄 등에 따라 개인교통수단, 대중교통수단, 준대중교통수단, 화물교통수단으로 다시 나눌 수 있다.

교통수단의 종류

	구분	종류	장점	단점
	도로교통	자동차 버스 트럭 오토바이	승객 및 화물 수송, 단거리 이동에 유리, 접근성이 높음	배기 가스 발생 교통체증
	철도교통	고속열차 화물열차 전철 등	대량 승객 수송 정시 도착 높은 안전성 친환경성	도착지까지 연결을 위한 추가 비용 발생
	해상교통	여객선 유람선 화물선 유조선 등	휴양 여행 대형 화물의 대량 수송 장거리 운송	느린 운송 속도 항구 있는 도시만 가능
	항공교통	여객기 경비행기 헬리콥터 등	승객 및 화물의 장거리 이동에 가장 빠른 수단	공항 주변 소음 높은 항공 운송비

이용자와 운행 스케줄에 따른 교통수단

━━ 개인교통수단 ━━	━━ 대중교통수단 ━━	━━ 준대중교통수단 ━━	━━ 화물교통수단 ━━
자가용 승용차, 오토바이, 자전거 등 개인의 의지에 따라 이동거리, 방향, 시간 등을 결정할 수 있는 교통수단	버스, 지하철, 모노레일 등 정해진 노선과 스케줄에 따라 운행하며 많은 사람을 수송하는 교통수단	택시 등 고정된 운행 스케줄은 없지만 승객이 서비스에 대한 비용을 지불하는 교통수단	철도, 트럭 등 주로 화물을 수송하는 교통수단

통나무배에서 비행기까지

과학기술의 발달과 함께 교통수단은 지속적으로 발전해 왔다. 교통수단의 발전 과정은 총 4단계로 나눌 수 있다. 제1단계는 도보교통 시대, 제2단계는 철도전차 시대, 제3단계는 자동차 시대*, 제4단계는 도시 간 고속교통 시대이다.

기원전 4000년경 인류 최초의 바퀴인 굴림대가 만들어졌고, 이후 바퀴는 발전을 거듭하여 수레와 전차 등에 사용되었다. 바퀴의 발전으로 말과 소가 끄는 마차는 중세 시대에 사람과 짐을 싣는 데 중요한 역할을 하게 되었다.

이후 산업혁명으로 공장에서 만든 물건이 많아지고 사람들도 점차 먼 거리를 움직이게 되면서 새로운 교통수단이 필요하게 되었다. 1825년 증기기관이 발명되어 철도 위로 기관차가 달리기 시작하면서 사람과 물건을 대량으로 수송할 수 있는 시대가 열렸다.

한편, 20세기 초에는 엔진자동차가 개발되면서 자동차 시대의 막이 올랐다. 이후 대형 선박과 비행기, 고속철도가 발달하면서 본격적인 도시 간 고속교통 시대가 열렸다.

나날이 발달하는 교통수단으로 전 세계는 1일 생활권에 들어섰으며, 언젠가는 우주선이 교통수단으로 활용될 날이 올 수도 있다.

자동차 시대

미국의 헨리 포드는 분업과 기계 생산을 통해 엔진자동차 '모델 T'를 대량으로 생산했다. 저렴한 자동차가 생산되자 많은 미국 국민들이 포드 자동차를 구입했고, 자동차의 증가로 인해 한적한 교외로까지 주택가가 확대되었다. 교외에 위치한 주택들은 자동차가 접근하기 쉽도록 도로 바로 옆에 자리 잡고 커다란 차고를 완비했다. 자동차의 증가로 집의 구조뿐 아니라 도시의 모습도 변화했다. 도로는 인도와 차도로 나누고 신호등이 세워졌다. 더 넓은 도로가 필요해지자 길가의 집들을 허물고 도로를 넓혔고, 광장은 주차장으로 변했다. 사람보다 자동차가 우선시되는 자동차 시대가 개막된 것이다.

● 통신의 발달

인간의 거리 극복 노력은 교통수단의 개발뿐 아니라 통신수단에서도 지속적으로 진행되어 왔다. 교통이 물리적 이동을 주로 의미한다면, 통신은 물리적 이동이 없는 소통을 의미한다. 넓은 의미에서 통신은 거리를 뛰어넘는 모든 쌍방향 의사소통을 말하지만 전통적으로 통신은 좁은 의미에서 전화, 전신우편 서비스 등을 이용한 의미 전달을 뜻하였다. 이후 정보를 저장하고 처리하는 컴퓨터 기술과 정보를 다른 곳으로 전달하는 통신기술이 급속도로 발전하면서 우리의 일상생활에 빠른 속도로 보급되고 있다. 정보통신기술의 놀라운 발전으로 사람들 사이의 교류는 점점 더 쉽고 편리해지고 있다. 이전에 먼 거리를 이동해 누군가를 만나 처리해야 했던 많은 일들을 집에 앉아서 컴퓨터 통신망을 통해 손쉽게 처리할 수 있게 되었다. 그야말로 지구촌(global village)이 된 것이다.

교통의 역사

기원전 6000년경 인류가 최초로 마른 통나무를 이용하여 호수를 건넌 이래, 과학 기술의 발달로 교통수단은 지속적으로 발달해 왔다. 인류의 교통수단 발달의 역사를 살펴보자.

최초의 증기자동차
니콜라 퀴뇨가 자동차의 원조라고 할 수 있는 증기자동차를 만들었다.

말이 끄는 마차 시대
전차에서 비롯된 마차는 기원전 2세기 전반에 서아시아에서 시작된 것으로 추측된다.

1769　**1825**

B.C. 4000 ⟶ **11C**

B.C. 6000 ❭

**인류 최초의 교통수단,
통나무배와 갈대배**
물 위에 뜨는 마른 통나무를 한 팔로 안고 다른 팔로 물을 저어 호수나 좁은 강을 건넜고, 이후 갈대를 엮어 만든 작은 뗏목을 사용할 수 있게 되었다.

인류 최초의 바퀴
화폐가 없던 시절, 물물교환을 위해 무거운 썰매를 밀고 다니던 사람들은 마침내 썰매 상자 밑에 놓고 굴릴 둥근 통나무 굴림대를 고안해 냈다.

스티븐슨의 기관차
영국에서 조지 스티븐슨의 기관차가 세계 최초로 철도 위를 달렸다. 1824년 스톡턴–달링턴 간 최초의 여객용 철도가 부설되었고, 1825년 개량형 기관차 로커오션 호가 실용화에 성공하였다.

최초의 자동차
독일의 칼 벤츠는 처음으로 원동기를 장착한 가솔린 3륜차를
완성시키며 독일 정부로부터 자동차 특허를 얻었다.

대중 자동차
헨리 포드는 대중 자동차 모델 T를 내놓고
대량 생산을 시작하였다.

1908   1975   2004

1884   1886   1899

우리나라의 수레와 마차
고구려 고분벽화에서 수레 그림을
발견할 수 있으며, 고려 시대에도 왕과
귀족, 백성 들이 수레를 사용하였다.
수레가 점점 줄어들게 된 것은
원나라의 침략을 받으면서 말과 소가
귀해졌기 때문으로 보인다. 그래서 조선
시대에는 수레와 마차보다는 가마가
주로 사용되었다. 1884년 박영효가
우리나라에 서양식 마차를 들여왔지만
도로가 닦여 있지 않아 대중교통으로
자리 잡지는 못하였다.

초헌
조선 시대 관리가 타던 개량
가마이다. 평지에선 바퀴를 이용해
굴리고 장애물이 있는 곳에선
가마처럼 메고 다녔다.

우리나라 최초의 철도
우리나라 최초의 철도는 일제강점기 때
만들어진 것으로 서울 노량진과 인천
제물포를 연결하는 경인선이다.
이후 일제는 물자 운송을 위해 부산까지
경부선을, 식량 운송을 위해 곡창 지대인
목포까지 호남선을 만들었다. 철도
건설로 보부상과 뱃사람 들은 일거리를
잃고 젊은이들은 적은 돈을 받고 철도
공사장으로 끌려가 밤낮으로 일하게
되었다. 철도는 광복 후에야 승객과
물자를 수송하는 제 기능을 찾게 되었다.

우리나라 최초의 자동차
우리 손으로 만든 최초의 자동차 '포니'가
생산되었다.

우리나라 최초의 고속철도
서울에서 부산, 목포를 잇는 우리나라
최초의 고속철도가 개통되었다.

02

교통의 발달은 곧 도시의 발전

교통 발달로 이동이 편리해지고 생활권도 넓어졌다. 또 접근성을 높여 인적·물적 교류를 향상시킴으로써 도시 및 국가의 발전에 큰 도움을 주었다. 교통 발달과 함께 성장한 교통 기반 시설을 이해하고 도시 발전과의 관계도 알아보자.

넓어지는 생활권

교통수단과 통신수단의 발달로 시간과 거리가 단축되면서 도시의 공간 장벽이 약화되고 있다. 특히 교통수단의 발달은 도시 확장과 시가지 모양 변화에 영향을 주고 있다.

교통수단과 도시 발달의 첫 번째 단계는 도보교통 시대의 보행도시(walking city)이다. 도보교통 시대에는 이동성이 시간당 4㎞에 불과해 도시가 평면적으로 확대될 수 없었다. 개인교통수단에 의존해야 하는 공간 제약 속에서 도시 주민의 이동 성향은 가능한 최단 거리를 택하여 목적지에 도달하고자 하였기 때문에 당시 도시 규모는 작고, 도시 형태는 중심지를 기준으로 한 원형에 가까웠다.

19세기 후반 철도기술의 발달로 도시교통수단이 대중화된 철도·전차 시대에는 도시가 전차 노선을 따라 별 모양으로 확장되었다. 이 시기는 접근성에 따라 토지 이용의 차별화 현상이 나타나기 시작했는데, 특히 교외의 기차역을 중심으로 주거지역과 상가가 들어서면서 근교도시가 발달하고, 중심도시는 철도의 축을 따라 거대한 대도시로 발전하였다. 중심도시는 접근성과 지대가 높아짐에 따라 상업·업무 중심의 도심이 형성되고, 토지 이용은 고밀·고층화 현상을 보였다.

20세기 중반 자동차가 교통수단으로 보편화된 자동차 시대에는 문전에서 문전으로 이동이 가능해짐에 따라 도시 기능의 입지 선택 자유가 확대되었다. 또 자동차 이용이 일상화

되면서 전차 노선 지역에 대한 선호가 약화되고, 도시는 중심지를 기준으로 더 큰 원형으로 확장되었다. 특히 자동차에 의하여 노선 축과 노선 축 사이 중간 지대의 접근도가 향상됨에 따라 도시 기능의 분산이 쉬워졌다. 자동차의 특성은 주변 지역 간의 통행을 강화함으로써 도시 공간 구조의 다핵화를 유도하였다.

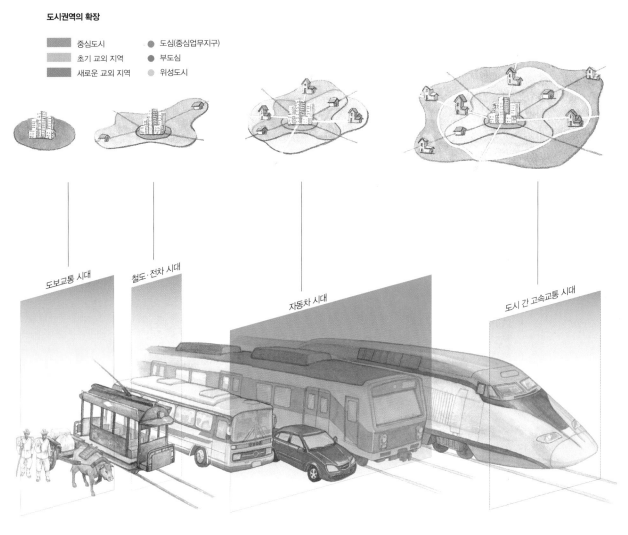

도시권역의 확장

	중심도시	● 도심(중심업무지구)
초기 교외 지역	● 부도심
새로운 교외 지역	● 위성도시

도보교통 시대

철도·전차 시대

자동차 시대

도시 간 고속교통 시대

교통수단 발달

교통의 발달, 도시의 발전

도시는 인간 교류의 중심지 역할을 수행하면서 역사적으로 성장·발전해 왔다. 교통이 발달하지 않았던 시절, 사람들은 교류를 위해 직접 이동해야 했다. 때문에 도시라는 좁은 공간에 사람, 시설, 기능 들을 집중함으로써 물리적 이동을 줄이고 교류를 최대화하였다. 이러한 점에서 사람, 물자, 정보의 교류를 촉진시키는 교통 및 통신수단의 발전과 도시의 발전 사이에는 깊은 관계가 있다.

교통의 발달은 편리하고 효율적으로 목적지까지 이동할 수 있게 한다는 점에서 우리 삶의 질을 높이고, 도시와 국가의 경쟁력을 높일 수 있다. 교통이 발달한 도시나 국가는 접근

● 교통과 도시의 흥망성쇠

새로운 교통수단이나 교통로의 개발로 어떤 도시는 번성을 누리는 반면 어떤 도시는 활력을 잃고 쇠퇴하기도 한다. 우리의 도시 내에서도 터미널이나 전철역 등이 생기는 곳에 사람과 가게가 모이고 번성하는 것을 볼 수 있다. 반면 보다 빠르고 안전한 교통로가 새로 생기면 기존 교통로가 있던 지역은 자연히 사람들이 이동이 적어지고, 주민들도 교통이 편리한 지역으로 이주를 하기 때문에 활력을 잃게 된다.

요르단 남부의 암벽도시 '페트라'는 비단길의 길목에 있어 수많은 상인들이 거쳐 가는 상업의 요충지로 번영하였으나, 해상로가 비단길을 대체하여 동서 교역로로 이용되면서 자연스럽게 폐허가 되었다. 그러나 최근 페트라는 새로운 세계 7대 불가사의로 선정되면서 많은 사람들의 관심을 받고 있다. 영화 〈인디아나 존스〉의 배경으로 사용되고, 교통의 발달로 접근이 쉬워짐에 따라 새로운 관광지로 각광받게 된 것이다.

비용과 소요 시간이 적은 반면 이동이 쉽기 때문에 인적·물적 자원, 지식, 상품의 교류가 활발히 일어난다.

고속도로 주변 물류 센터

교류가 활발한 도시는 새로운 산업을 유치하고 개발하는 것이 비교적 자유롭다. 새로 고속도로가 생긴 지역에 기업과 물류 센터 등이 속속 입지하는 것과 같은 이치다. 이는 서울과 수도권 지역에 비해 땅값이 저렴하면서도 고속도로 덕분에 대도시로의 접근이 용이해 충분한 경쟁력을 얻을 수 있기 때문이다.

안전하고 편리한 교통을 위한 기반 시설

정부나 공공단체가 사회 구성원의 편의를 위해 제공하는 재화를 사회간접자본(Social Overhead Capital)이라고 한다. 교통 기반 시설, 전기, 통신, 상·하수도, 댐 등이 대표적인 사회간접자본이며 소비자들은 무상으로 혹은 약간의 대가를 지불하고 이러한 시설과 서비스를 이용할 수 있다. 이 중에서 교통 기반 시설은 정부나 지방자치단체가 시민의 교통 편의 및 안전을 위해 교통 시스템이 효율적으로 작동할 수 있도록 제공하는 시설 및 서비스로 도로, 터미널, 버스 정류장, 교통 신호등, 공영주차장 등을 말한다.

교통 기반 시설이 효율적으로 제공될 때 교통은 편리하고 안전해진다. 예컨대 주차장이 부족하면 불법 주·정차가 늘어나 교통체증과 교통사고의 원인이 되기도 하고, 횡단보도나 신호등이 효율적으로 운영되지 않으면 사람들은 큰 위험과 불편을 감수해야 할 뿐 아니라 사회적으로는 에너지 낭비를 비롯한 여러 손실이 발생할 수 있다. 때문에 많은 도시들이 효율적이고 편리한 도시교통을 위해 첨단 교통 기반 시설을 구축하고 있다.

● 우리나라 최초의 교통 신호
경인선이 개통되고 교통량이 증가하면서 교통사고가 빈번히 발생하자 인천역에서는 1904년 초 사고를 예방하기 위해 광장 도로 한쪽 끝에 줄을 매고 다른 한쪽에 줄을 쥔 사람을 배치했다. 기차가 도로를 가로질러 지나갈 때면 줄을 잡아당겨 올려 사람이나 자동차, 우마차가 지나가지 못하도록 차단기 역할을 한 것으로 이것이 우리나라 교통 신호등의 시초가 된다.

정보통신기술과 교통 기반 시설의 만남

정보통신기술은 우리가 몸담은 도시의 여러 분야에 활용됨으로써 우리의 삶을 편리하게 해 주고 있다. 컴퓨터 및 정보통신기술은 지역의 상황을 이해하는 데 필요한 정보를 수집, 분석, 가공하는 데 효과적으로 활용되고 있다. 예컨대 도로, 하천, 상·하수도관, 전선망 등을 새로 설치하거나 관리하는 지리 정보 시스템(Geographical Information Systems)의 활용이 점차 보편화되고 있다. 또한 통신기술, 센서 기술, 컴퓨터 기술 등을 결합하여 교통 상황에 따라 신호 주기를 조정하여 교통 흐름을 최적화하는 '도로 혼잡 관측 시스템'이나 '지능형 교통 시스템(Intelligent Transport Systems)' 등이 본격적으로 도입되고 있다.

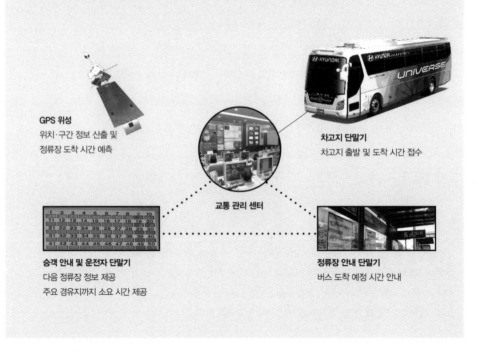

● **생각하는 도로, 지능형 교통 시스템**

편리하고 효율적인 교통 시스템을 발전시키기 위한 인류의 노력은 계속되어 왔다. 최근에는 첨단 정보통신기술을 교통에 접목시키는 시스템을 개발·운영 중에 있다. 지능형 교통 시스템은 전자, 정보, 통신, 제어 등의 기술을 교통 체계에 접목시킴으로써 신속하고 안전하며 쾌적한 차세대 교통체계를 만드는 데 목적을 두고 있다. 이는 운전자와 보행자, 시설 관리자에게 실시간 교통 정보를 제공하여 교통 소통을 원활히 함으로써 사회적 비용을 감소시킨다. 또한 도로의 위험 상황을 사전에 인지하고 실시간으로 조치하여 사고를 미연에 방지할 수 있다.

GPS 위성
위치·구간 정보 산출 및
정류장 도착 시간 예측

차고지 단말기
차고지 출발 및 도착 시간 접수

교통 관리 센터

승객 안내 및 운전자 단말기
다음 정류장 정보 제공
주요 경유지까지 소요 시간 제공

정류장 안내 단말기
버스 도착 예정 시간 안내

도시를 잇고 나라를 잇는 주요 교통 기반 시설

철도와 항만, 공항 등은 먼 거리를 빠르고 편리하고 안전하게 이동할 수 있게 도와주는 대표적인 교통 기반 시설이다. 이러한 대규모 교통 기반 시설은 초기 건설 비용이 많이 들지만 수송거리와 시간, 비용을 절감하여 결과적으로 사회적 비용을 감소시킨다. 또한 이들 시설은 도시 간 이동을 용이하게 함으로써 지역 간 교류를 증진시키고, 더 나아가 국토의 고른 개발을 꾀할 수 있다.

뿐만 아니라 항만, 공항 등은 외국과의 교역과 교류에 꼭 필요한 시설로 국가 경제에도 중요한 역할을 하고 있다.

● 국내 주요 교통 기반 시설 현황

✈ 항공교통 시설

항공교통은 국제 간 운송 등 주로 장거리에 이용되는 교통수단이다. 3면이 바다로 둘러싸인 우리나라에서 항공교통은 외국과 소통하는 주요 수단으로 이용되고 있다. 우리의 항공교통은 1916년 10월 여의도 비행장을 시작으로, 현재 7개의 국제공항과 9곳의 국내공항을 갖추고 있다.

● 항만 시설

항만은 선박이 안전하게 출입하고 정박할 수 있도록 만들어진 곳이다. 우리나라의 근대적인 해상교통은 1876년 강화도조약에 의해 부산과 원산, 인천에 항구가 개항하면서 시작되었다. 우리나라의 대표 항구인 부산항은 수출이 많은 항구로 우리 경제를 이끌고 있고, 인천항은 수입이 많은 항구로 우리 생활에 필요한 물품들을 공급한다.

○ 고속철도

고속철도의 정의는 시대에 따라 달라지지만, 현재의 기준으로는 시속 200㎞ 이상으로 주행하는 철도를 고속철도라 한다. 한국형 고속철도는 2004년에 개통되어 서울에서 부산, 서울에서 목포까지 거리를 3시간 이내에 주파한다. 이로써 전국은 반나절 생활권으로 변화하게 되었고, 여객과 화물의 이동이 보다 활발해졌다.

03
녹색교통을 향해

교통의 발달로 우리는 원하는 곳까지 편리하고 신속하게 도달할 수 있게 되었다. 한편,
자동차의 증가는 환경오염을 유발하거나 크고 작은 사고로 인명과 재산의 손실을
가져오는 등의 폐해를 불러일으키기도 한다.

교통 발달의 양면성

도시에서는 대체로 대중교통과 자가용 차량 등의 교통수단을 이용한다. 도시뿐 아니라 전국
어느 곳에나 도로와 철도가 놓여 있어 이동의 불편은 점차 줄어들고 있다. 교통이 발달하면서
사람의 이동뿐 아니라 먼 곳의 상품도 1~2일 내에 받아 보는 등 편리한 삶을 누리게 되었다.

   그러나 수많은 자동차가 도심으로 몰려들어 교통체증을 유발하고 자동차가 내뿜는 유독
가스가 사람들의 건강과 환경을 위협한다. 자동차 중심의 도시교통, 이대로 괜찮을까?

멀어지고 소외되는 이웃 자동차 중심의 교통으로 우리는 알게 모르게 이웃과 멀어지고 있다. 자동차를 이용하게 되면서 이웃과 우연히 만나 담소를 나누거나 마을의 소소한 문제를 살필 기회가 많이 줄어들었기 때문이다. 또 자동차 중심으로 교통체계가 조성되면서 어린이와 노년층을 비롯해 운전을 할 수 없거나 면허를 취득할 수 없는 사람, 운전을 하고 싶지 않은 사람 들은 자유로운 이동에 제약을 받게 된다. 가난한 사람 역시 소외된다. 자가용 차량을 소유할 만한 경제력이 없는 경우에 의도하지 않게 소외되는 것이다.

혼잡한 거리, 위험한 도로 지난 10년 간 자동차가 기하급수적으로 증가하면서 교통이 혼잡해졌고, 교통량이 증가하면서 교통사고의 위험이 높아졌다. 그러나 교통 혼잡을 해소하기 위해 무작정 도로를 넓힐 수는 없다. 인근 지역의 개발과 인구 증가를 자극하여 더 많은 사람들이 자동차를 이용하도록 부추길 수 있기 때문이다.

녹지를 뒤덮은 아스팔트 자동차의 증가는 에너지 소비를 촉진하고 녹지를 파괴한다. 도로와 주차공간이 늘어난 만큼 녹지가 줄어들어 식량 생산에 위협을 주고 있다. 또한 녹지나 산을 가로지르는 도로는 야생동물의 서식지를 파괴하고 이들의 이동 경로를 가로막아 생태계에 나쁜 영향을 줄 수 있다.

유독 가스와 소음을 만드는 자동차 자동차에서 배출되는 각종 유독 가스와 유해 성분이 우리의 건강과 생태계에 직·간접적으로 영향을 주고 있다. 천식은 스모그에 의해 악화될 수 있고

자동차에서 배출된 성분들은 심장병을 유발할 수도 있다.

또 생활 속에서 겪는 소음은 집중력과 업무수행능력을 떨어뜨리고 심한 경우 스트레스 반응을 일으켜 수면장애를 불러온다. 일상적인 소음의 약 90%를 차지하는 교통 소음은 세계적으로 소음 공해의 주된 배출원으로 지목되었다.

지속 가능한 교통

집에서 학교와 직장 등을 오가기 위해서 자동차를 이용하는 경우 교통 에너지 소비가 늘어나고 교통이 혼잡해지는 등의 여러 가지 문제가 필연적으로 발생한다. 이러한 문제들은 우리의 삶을 지속 가능하지 못하게 할 수도 있다.

자동차의 사용을 줄이기 위해서는 자동차를 사용하지 않아도 생활하는 데 불편함이 없어야 한다. 물론 환경 문제가 부각되면서 저공해차량 개발이 본격화되고 있으나, 이들은 교통 혼잡이나 도시 팽창, 교통사고 같은 근본적인 문제에 해결책을 제시하지 못하는 한계가 있다. 때문에 녹색교통, 더 나아가 지속 가능한 교통을 위해서는 자동차 없이도 교통의 불편을 느끼지 않도록 교통체계가 정비되어야 한다. 이러한 방법으로는 크게 대중교통을 활성화시키는 방안과 인간 중심의 도로를 정비하는 방안이 있다.

● **녹색교통과 적색교통**

유럽에서는 교통수단을 녹색교통(green mode)과 적색교통(red mode)의 두 가지로 분류했다. 오늘날 대표적인 적색교통은 개인교통수단인 승용차이며, 에너지원으로는 디젤이나 휘발유 등 화석 에너지가 주로 쓰인다. 적색교통은 공해를 유발하여 인간에게 치명적인 해를 입히고 도시를 비효율적으로 만드는 주범으로 지목되고 있다.

적색교통의 반대 개념인 녹색교통은 공해를 발생시키지 않는 친환경적인 교통수단을 일컫는 말로 개인교통수단이 아닌 대중교통, 그리고 무동력 교통을 의미하는 것이다. 녹색교통 정책은 교통정책의 대상을 차량에서 인간으로 전환하고, 개인교통수단보다 대중교통 및 무동력 교통을 우선시한다. 아울러 교통의 우선순위를 보행자, 자전거, 대중교통, 개인교통수단으로 정하여 교통 약자를 돕고 도시 환경을 살리는 정책이다.

녹색교통

적색교통

편리한 대중교통수단 대중교통수단은 다수의 사람이 이용할 수 있도록 일정한 노선과 운행 스케줄대로 운행하는 공공교통수단으로 개인교통수단의 이용을 줄여 거리의 혼잡과 공해를 줄일 수 있다. 대표적 대중교통수단으로는 버스와 전철이 있다. 일정한 노선과 운행 스케줄이 없는 택시는 많은 사람들이 사용하고 있으나 주로 대중교통수단을 이용하기 곤란한 경우에 이용자의 개인적인 필요에 따라 특별한 서비스를 제공하는 준대중교통수단이다.

대중교통수단의 이용을 늘리기 위해서는 목적지까지 빠르고 편리하게 도착할 수 있어야 한다. 지하철, 버스, 광역버스의 운행 횟수 및 속도를 높이고 저렴하면서도 쉽게 갈아탈 수 있도록 환승체계를 개선해야 한다. 이를 위해 많은 도시에서 버스 간 환승 제도 및 간선 급행 버스 체계(Bus Rapid System)*를 도입하고, 버스 노선을 개편하는 한편 버스 전용 차로를 확대하고 있다. 서울시는 국내 최초로 버스 중앙 차로제를, 울산은 지능형 교통체계를, 전주는 시내버스 정보화 시스템을 운영하고 있다.

간선 급행 버스 체계
도심과 외곽을 잇는 주요 간선도로에 버스 전용 차로를 설치하여 급행 버스를 운행하는 대중교통 시스템이다. 요금정보, 환승 정거장 정보체계 등 지하철도의 시스템을 버스 운행에 적용하여 '땅 위의 지하철'이라고도 불린다. 건설비가 지하철도의 10분의 1에 불과하지만 지하철과 비슷한 장점을 가져 버스의 신속성과 정시성, 수송력을 높일 수 있다.

간선 급행 버스 체계

녹색교통, 자전거 이용 자동차의 환경오염 문제가 제기되면서 공해가 없고 환경 친화적인 교통수단으로 자전거가 주목받고 있다. 자전거는 자동차에 비해 차지하는 면적이 적어 공간을 효율적으로 이용할 수 있고, 노인과 청소년 등에게도 공평한 이동성을 제공한다. 또한 소음이 적어 도로 소음을 억제하는 효과가 있으며, 에너지 사용량이 자동차의 53분의 1에 불과해 에너지 소비도 줄일 수 있는데다, 체중 감소와 숙면에 도움이 되는 건강한 교통수단이다. 때문에 자전거는 주요 대중교통수단이나 도시 시설로의 접근, 단거리 통근·통학에 유용한 교통수단으로 각광받고 있다.

자전거 이용을 장려하려면 시민들이 보다 안전하고 편리하게 자전거를 이용할 수 있도록 자동차의 통행에 방해를 받지 않고 이용할 수 있는 자전거도로를 확충하고 관련 시설을 정비해야 한다.

예를 들어, 자전거도로를 설치하고 대중교통과 자전거도로의 연결성을 확보한다면, 단거리 운행뿐 아니라 지역 간 이동에도 자전거가 유용하게 쓰일 수 있다. 또 주요 대중교통 연결점에 자전거 보관 시설과 자전거 수리점을 설치한다면 자전거 이용이 더욱 편리해질 것이다.

걸어서 출근, 걸어서 통학 도시가 보다 인간적인 공간이 되기 위해서는 자동차에 의존하지 않을 수 있는 환경을 만들어야 한다. 학교나 주변 편의 시설에 갈 때 걷거나 자전거를 이용해 갈 수 있도록 물리적 시설들이 근접하여 위치하고 보행환경을 쾌적하게 조성할 필요가 있다.

예전부터 도로는 소통의 장이자 사람과 사람이 만나 관심을 갖고 정보를 나누는 곳이었지만, 지금은 보행로까지 자동차가 점거하여 각종 사고에 노출되어 있다. 때문에 현재의 열악한 보행환경을 안전하고 쾌적하게 만들어야 한다. 더 나아가 볼거리와 할거리가 있는 걷고 싶은 거리로 만들어야 한다. 예를 들어, 나무와 조명 시설이 설치되어 낮에는 쾌적하고 밤에도 안전하며, 곳곳에 놀이터와 공원이 있는 길이라면 친구, 가족, 연인과 함께 언제라도 걷고 싶은 길이 될 것이다.

● 불편해지는 자가용 이용

자동차가 늘어남에 따라 도로나 주차장을 확충하고 있으나 공간이 한정되어 있기 때문에 교통 혼잡 문제는 좀처럼 해결되지 않고 있다. 따라서 교통 혼잡과 환경오염 문제를 줄이고자 하는 방안으로 자동차 보유세나 주차장 사용 비용을 높이고, 도심 통행 속도에 제한을 두거나 차량 진입을 막는 방법 등으로 자동차 운행에 부담을 주는 정책을 추진하고 있다.

승용차 요일제

시민이 스스로 주중에 쉬는 날을 정하고 해당 요일에 차량을 운행하지 않는 제도로, 에너지를 절약하고 환경오염을 줄이기 위한 시민 실천 운동이다. 지방자치단체는 참여 차량에 공영주차장 요금 할인, 자동차세 감면 등의 혜택을 주고 있다.

혼잡통행료

교통 혼잡 지역에서 승용차의 사용을 억제하고 대중교통 이용을 활성화하기 위해 서울 남산터널을 통행하는 차량 중 두 사람 이하가 탄 승용차에 통행료를 거두고 있다. 평일 아침 7시부터 밤 9시까지(14시간) 통행료를 부과하며, 토요일과 일요일 그리고 공휴일에는 통행료를 거두지 않는다.

자전거 도시, '상주'

예로부터 누에고치, 곶감, 삼베로 유명한 삼백(三白)의 도시 상주가 은륜(銀輪)을 더해 사백의 도시로 거듭났다. 상주는 자동차에서 발생하는 문제를 줄이기 위해 1995년 자전거 도시를 선언하고 도시 전체를 자전거 타기 좋은 도시로 만들고 있다. 자전거 전용 도로, 자전거 보관대를 설치하고 턱이 없는 도로를 만들어 자전거를 타기에 손색이 없는 환경을 조성하고 있다. 이런 노력에 힘입어 상주에서는 자전거가 주요 교통수단으로 이용되고 있다. 출퇴근과 등하교 시간에는 자전거 행렬이 자동차를 밀어내 시내버스가 거의 필요 없을 정도라고 한다.

상주에는 자전거와 관련된 많은 볼거리들도 마련되어 있는데 2004년에는 자전거 박물관을 개관하여 우리나라 자전거 역사를 설명하고 다양한 이색 자전거를 전시하고 있다. 또 매년 10월에는 전국 자전거 축제를 개최하고 있어 가히 자전거 도시라 할 만하다.

1·2 상주 자전거 박물관   3 상주 전국 자전거 축제

브라질, 꾸리찌바

꾸리찌바는 「TIME」 지와 「US News & World Report」 지 등에서 '지구에서 환경적으로 가장 모범적인 도시', '세계에서 가장 현명한 도시'라는 극찬을 받은 생태도시이다. 남미의 변두리 도시인 꾸리찌바는 어떻게 환경 친화적으로 지속 가능하게 바뀐 것일까?

브라질 빠라나 주의 주도인 꾸리찌바는 1950년대 이후 급속한 성장과 함께 자동차 붐을 맞았다. 이에 대한 해결책으로 다른 도시들이 지하철을 건설하던 1970년대, 꾸리찌바는 버스를 활용한 땅 위의 지하철을 구축하기 시작했다.

> "우리는 지하철을 건설할 충분한 자원이 없었고, 지하철 노선 1～2개를 건설하는 데 약 20년이 소요되는데다 노선이 통과하는 일부 주민만 수혜를 보게 된다. 그래서 우리는 버스를 지하철처럼 빠르고 편안한 교통수단으로 만들기 위해 버스 전용 도로 시스템을 고안했다."

꾸리찌바는 급행 버스 전용 도로를 건설하고 버스를 색깔로 구분하여 시민들이 쉽게 알아볼 수 있도록 했다. 또 환승을 원활하게 하기 위해 대형 버스 도로망을 정비하고 270명의 승객을 일시에 수송할 수 있는 이중 굴절 버스를 도입하였다.

또한 꾸리찌바는 교통약자를 위한 교통 시스템도 실천하고 있다. 페트병을 닮은 원통형 버스 정류장은 버스 승강대와 같은 높이의 플랫폼과 휠체어 리프트를 구비해 장애인의 이동권을 보장하고 있다. 또 '사회적 요금체계'를 채택하여 단거리를 통행하는 시민들이 빈민가나 위성도시에서 장거리 통행을 하는 시민들을 보조해 주고 있다. 버스요금은 한화로 약 700원 정도로 환승이 자유롭다.

이러한 노력으로 오늘날에는 약 180만 명의 시민이 꾸리찌바의 대중교통을 이용하고 있다. 지난 30여 년 동안 추진해 온 노력으로 꾸리찌바는 지구촌에서 가장 모범적인 대중교통, 녹색교통의 도시가 되었다.

페트병을 닮은 원통형 버스 정류장

270명의 승객을 일시에 수송할 수 있는 이중 굴절 버스

5 도시의 녹색 생명

말 없이 우리를 감싸고 있는 자연환경은 우리가 어울려 함께 살아가야 할
생명이다. 과학의 발달 덕분에 인간이 할 수 있는 일들이 놀라울 정도로 다양해
졌지만, 자연환경은 예나 지금이나 변함없이 지구상의 생명체가 살아가는 데
적당한 조건을 만들고 유지하기 위해 자신의 역할을 묵묵히 수행하고 있다.

01

도시의 생명, 환경

자연환경은 우리가 살고 있는 모든 주변을 이야기하며, 우리가 숨 쉬는 공기부터 내가
밟고 있는 땅, 멀리까지 흐르는 물과 푸르름을 선사하는 녹지까지 모두 환경에 포함된다.
항상 제자리에 있어 그 소중함을 모르는 자연환경이 바로 우리 도시의 생명임을 생각해
본다.

환경은 생명체의 기반

환경은 빛, 물, 흙 등 무생물환경과 동·식물로 구성된 생물환경으로 이뤄진다. 생물환경과
무생물환경은 모두 지구의 환경을 구성하며 상호 작용을 하고 있다.

지구상의 무생물환경은 태양으로부터 에너지를 공급받아 지구 생명체를 부양한다. 물,
공기, 토양 등 우리를 둘러싼 자연환경은 태양 에너지를 동력으로 하여 순
환과 자정 작용을 통해 균형과 조화를 이루면서 생명체가 살아갈
수 있는 조건을 유지하고 있다.

생물환경 요소 중에서 광합성을 하는 식물을 '생산자'라 하고, '생산자'를 먹이로 하는 동물을 '소비자'라고 하며, 생산자나 소비자의 배설물이나 죽은 몸을 분해하는 미생물을 '분해자'라고 한다. 지구의 환경에서 생물환경 요소와 무생물환경 요소가 잘 어울려 서로 관계를 맺으면서 생활하는 것을 '생태계'라고 한다. 생태계는 생산과 소비를 조절하여 평형을 유지하는데, 생태계의 평형이 유지되어야 생물들이 서로 조화를 이루게 되어 생명을 보존할 수 있다. 생태계 구성 요소 중의 하나인 인간도 환경을 떠나서는 살 수 없으며, 수많은 동·식물과 더불어 살아간다. 생태계는 몇 가지 속성과 일반적인 법칙에 의하여 움직이고 있다.

인간은 자연에서 나와 자연으로 돌아간다는 말이 있다. 이 말은 인간은 자연의 일부이며, 인간 생명의 원천은 자연이라는 의미이다. 삼림과 초지를 비롯한 식물과 동물 등의 생물환경과 광물, 토양, 물 등 무생물환경은 인간 생활에 필요한 자원의 공급처다.

자연환경은 도시에서 일어나는 인간의 모든 활동을 부양한다. 우리는 먹을거리, 입을거리, 잠잘 곳 등을 마련하기 위해 자연으로부터 자원을 이용한다. 인간 생명을 유지하는 데 필요한 모든 물자는 인공자원이든 천연자원이든 결국은 자연에서 비롯된 것이다.

자연환경은 우리가 버린 각종 쓰레기를 받아들이고 처리해 주는 쓰레기통의 역할도 한다. 우리를 둘러싸고 있는 자연환경은 우리가 버린 각종 쓰레기와 오염물질을 받아서 보관하거나 유용한 형태로 바꿀 수 있는 자정능력을 가지고 있다. 이러한 자정능력 또한 자연이 우리에게 베푸는 혜택이다.

도시 자연환경의 구성과 작용

우리 도시를 둘러싼 자연환경은 대기, 토양, 하천, 녹지 등의 여러 요소로 구성되어 있다.

대기는 지구상의 생물을 보호한다. 대기는 순환하며 더운 적도 지방에서 추운 극 지방으로 열을, 해양에서 육지로 수증기를 이동시킨다. 또한 대기는 소리를 전달해 주며, 비와 바람 같은 대기 현상을 만들어 낸다. 지구에서 일어나는 물질 순환*에 의해 대기를 조성하는 물질은 생물 및 무생물 사이를 순환하면서 균형을 이루고 있다.

지구 가장 바깥쪽의 표층 부분을 이루는 토양은, 토양생물은 물론 모든 생물의 생존 기반이다. 토양은 영양물질을 붙잡아서 토양에 뿌리를 내리고 있는 식물들이 흡수할 수 있도록 돕는다. 토양에서 자란 미생물은 오염 물질을 분해하여 물과 대기를 정화하고 생태계를 유지하고 보전할 수 있게 해 준다. 또한 빗물을 흡수하여 저수지 구실을 하고 홍수를 조절하여 자연 재해를 막아 준다.

세계 4대 문명*이 모두 하천변에서 나타났을 만큼 하천은 우리 삶의 중요한 요소 중 하나이다. 우리는 하천에서 마실 물, 농사에 필요한 물, 공장에서 제품을 생산하는 데 필요한 물을 얻는다. 도시 하천을 흐르는 물은 도시 대기의 흐름과 온도를 조절하는 역할도 한다. 하천의 역할은 여기서 그치지 않고 자연 폐수 처리 역할도 한다. 우리가 쓰고 버린 물은 하천으로 다시 들어가고 하천으로 들어온 물은 하천을 따라 흐르면서 자연스럽게 오염물질이 제거된다.

산림, 공원은 물론 하천변이나 도로변의 가로수 및 녹지대 등을 녹지라고 한다. 녹지는 회색 도시를 푸르고 시원하게 해 주며, 도시에 사는 사람들로 하여금 자연을 느끼게 해 준다. 녹지 안의 식물은 광합성 작용으로 이산화탄소를 흡수하고 산소를 뿜어 내는 공장이다. 녹지는 각종 동·식물의 서식처를 제공하기 때문에 다양한 생태계를 구성하여 도시의 자연환경을 풍부하게 한다.

물질 순환

생물에 필요한 모든 물질이 비생물환경으로부터 생산자로 들어오고, 먹이연쇄를 통하여 소비자로 옮겨 가며, 마침내 분해자에 의하여 다시 생물환경으로 되돌아가는 과정을 말한다.

세계 4대 문명

인류의 4대 문명 발상지는 황하 강 유역의 황하 문명, 인더스 강 유역에서 발달한 인더스 문명, 나일 강 유역의 이집트 문명, 티그리스·유프라테스 강 유역의 메소포타미아 문명이다.

● 도시 하천의 기능

하천은 단순한 물길 이상의 역할을 한다. 하천을 흐르는 물은 우리가 살아가는 데 필요한 생활용수뿐 아니라 농업용수, 공장용수로도 사용되며 우리 도시를 지탱하는 데 필요한 다양한 물 수요를 충족시켜 주는 주요한 자원이다. 하천은 다양한 환경을 형성하고 그 환경에 의지하며 수많은 생물이 살아가고 있다. 하천변의 습지와 하천 내부는 다양한 물고기와 곤충, 식물이 먹이사슬을 이루며 서식하는 생태적 서식처이다.

또한 맑은 물이 흐르는 하천은 예로부터 중요한 만남의 장소였다. 개구쟁이들에겐 고기를 잡고 곤충을 채집하고 썰매를 타던 훌륭한 놀이 장소였고, 어른들에게는 함께 어울리는 휴식의 장소였다.

이렇듯 우리 생활 속에 깊숙이 자리 잡은 하천은 휴식과 만남, 놀이의 장소를 제공해 왔다. 우리나라의 옛 그림을 보면 산을 배경으로 앞에는 하천이 흐르는 그림이 많다. 맑은 물과 운치 있는 경관, 지금도 곳곳에 남아 있는 정자는 아름다운 경관을 연출한다. 하천변은 물과 자연이 어우러진 풍경에서 우러나는 기품으로 자연에 경외감을 느끼게 하고 편안함과 안도감을 준다.

● 녹지의 역할

도시 녹지는 대기오염을 정화하고 산소를 공급하는 역할을 한다. 오염된 공기가 녹지대를 통과할 때 오염물질이 흡착, 흡수, 확산, 침강되면서 그 양이 줄어든다. 100㎡ 넓이의 상록활엽수림은 1년 간 약 80명이 호흡할 수 있는 산소를 생산해 낸다. 또한 녹지대를 통과하는 소리가 식물의 줄기, 잎 등에 흡수되거나 반사하면서 소음이 줄어든다. 녹지는 도시가 무질서하게 확장하는 것을 막아 도시 골격 및 도시 형태를 유지시키며, 도시 내에서 공간을 구분하는 역할을 하여 생활 공간을 다양하게 조성할 수 있다. 열섬 현상으로 보통 도시의 기온은 주변 지역보다 3~5℃ 가량 높은데, 도시에 녹지가 많이 분포하면 기온 상승을 억제하고 낮과 밤의 일교차를 줄여 급격한 온도 변화를 예방할 수 있다.

02

우리 도시의 환경 문제

급격한 도시화와 산업화로 많은 사람과 경제 활동이 빠른 속도로 좁은 공간에 집중하게
되면서 도시의 환경 문제가 발생한다. 환경오염이 발생하는 원인과 양상을 도시화 과정과
연결하여 이해하면서 환경오염과 우리의 미래를 다시 생각하는 시간을 가져 보자.

도시화와 환경 문제

도시는 자연환경과 인공환경, 그리고 사람이 복잡한 관계를 유지하면서 변
화하는 공간이다. 도시화 과정에서 환경 문제는 산림 파괴, 오염물질 증가,
자원 부족 등으로 나타난다.

    도시에서 환경 문제가 나타나는 이유는 첫째, 도시화가 도시적 토지 이
용*에 맞춰 주택이나 공장, 도로를 건설하기 위해 농지나 산림 등 녹지를
파괴하면서 진행되기 때문이다. 둘째, 인구와 경제 활동이 도시에 집중되

도시적 토지 이용
토지를 도로·철도, 공장용지,
대지, 기타 공공용지 등으로
이용하는 것을 말한다. 비도시적
토지 이용은 농지, 산림 등으로
이용하는 것을 일컫는다.

면서 해당 지역 자연환경의 자정능력을 넘는 오염물질이 배출되기 때문이다. 생활하수와 공장폐수가 배출되면 수질오염 문제가, 자동차 및 공장의 화석연료 사용으로 대기오염 문제가 대두된다. 셋째, 도시의 생산 활동 및 일상생활을 뒷받침하기 위해서는 많은 양의 자원이 필요하다. 하지만 수요를 충족시킬 만큼 자원이 풍부하지 않으면 자원 부족 현상이 빚어지게 된다. 인구와 오염물질의 증가는 마실 물, 생산 활동을 위한 각종 공업용수와 농업용수의 부족으로 이어진다. 경제 활동 규모가 커지고 소득이 증가할수록, 생산 활동도 늘어나고 소비 수준도 높아진다. 이에 따라 주택 냉·난방, 자동차 수요가 증가하게 되어 석유 등 에너지에 대한 수요도 늘어난다.

공공 기반 시설의 부족

도시화가 반드시 환경오염을 초래하는 것은 아니다. 늘어나는 인구 규모에 맞춰 도로나 주차장, 상·하수도 시설 등 기반 시설이 갖춰져 있다면 환경오염은 크게 문제되지 않을 수 있다. 하지만 기반 시설이 제대로 갖춰지지 않은 상태에서 인구가 빠르게 증가하면 도로의 부족으로 교통이 혼잡해지고, 하수 처리장과 폐기물 매립지 등이 부족하면 하천오염, 수질오염, 토양오염 등이 발생하게 된다. 대도시 주변에서 급속하게 도시화가 진행되어 무계획적으로 시가지가 확산*되면 이 과정에서 공공 기반 시설이 부족해져 환경 문제가 집중적으로 나타나기도 한다.

무계획적 시가지 확산
도시 생활에 필요한 공공 기반 시설을 갖추지 않은 상태에서 도시 주변의 농경지를 없애고 여기저기 시가지를 만드는 것을 말한다. 주민들의 이동거리가 길어지고 이로 인해 시간과 에너지의 손실이 늘어나고 도로, 상·하수도, 학교, 공원 등의 정비가 뒤따르지 못해 생활이 불편해지게 된다.

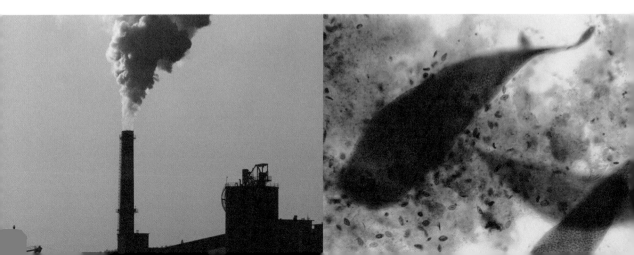

도시의 허파, 녹지의 감소

모든 생명의 출발은 녹색이라는 말이 있듯이 풀과 나무 등 녹지를 이루는 구성 요소는 도시 환경에서 매우 중요하다. 지난 30년 간 개발 과정에서 전국의 산림을 대지나 도로, 공장 부지 등으로 변경하고 갯벌을 매립하여 산림과 갯벌이 차지하는 면적이 매년 감소했다. 녹지 면적의 감소는 야생 동·식물의 서식지와 이동 통로를 파괴시키기 때문에 생물 다양성을 위협하는 가장 큰 원인이 된다.

　우리나라 녹지를 구성하고 있는 농지와 산림 면적은 최근에도 꾸준히 줄어들고 있다. 도시화에 따라 대규모 아파트 건설과, 레저 시설 조성, 여기에 농업 개방 추세도 한몫을 하고 있다. 이와 함께 도로 확장도 녹지 파괴의 원인이 된다. 우리나라 전체 면적 가운데 도로가 차지하는 면적은 2490㎢로 국토 면적의 2.5%이다. 주거지용 토지 면적과 맞먹는 면적이다. 농경지 및 산림 면적의 감소로 1인당 녹지 면적은 꾸준히 감소하고 있다.

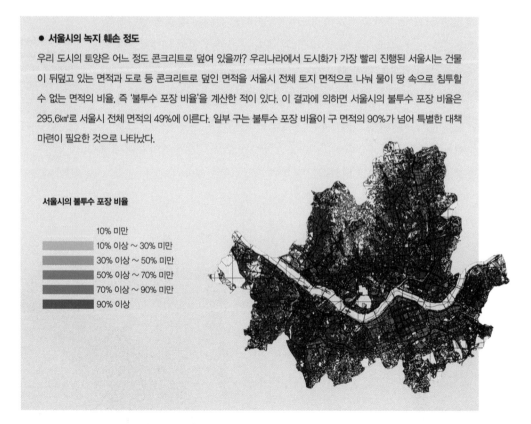

● **서울시의 녹지 훼손 정도**

우리 도시의 토양은 어느 정도 콘크리트로 덮여 있을까? 우리나라에서 도시화가 가장 빨리 진행된 서울시는 건물이 뒤덮고 있는 면적과 도로 등 콘크리트로 덮인 면적을 서울시 전체 토지 면적으로 나눠 물이 땅 속으로 침투할 수 없는 면적의 비율, 즉 '불투수 포장 비율'을 계산한 적이 있다. 이 결과에 의하면 서울시의 불투수 포장 비율은 295.6㎢로 서울시 전체 면적의 49%에 이른다. 일부 구는 불투수 포장 비율이 구 면적의 90%가 넘어 특별한 대책 마련이 필요한 것으로 나타났다.

서울시의 불투수 포장 비율

10% 미만
10% 이상 ~ 30% 미만
30% 이상 ~ 50% 미만
50% 이상 ~ 70% 미만
70% 이상 ~ 90% 미만
90% 이상

도시의 젖줄, 하천의 오염

오래 전부터 인간은 하천 주변에 생활 터전을 마련해 왔고, 하천은 인간 삶과 떨어질 수 없는 관계에 있다. 하지만 하천이 점차 오염되어 본래 기능을 하지 못하는 경우가 종종 나타난다. 하천에 오염물질을 버리는 것만이 하천을 죽이는 것은 아니다. 본래 하천의 기능을 거스르면서 하천과 하천 주변을 이용하는 행위도 하천을 오염시키는 원인이 된다.

도시의 하천은 일상생활에서 느낄 수 없는 시원함과 자유로움을 맛볼 수 있는 곳이다. 이러한 하천은 대부분 공공부지로 우리 모두가 공유할 수 있는 휴식 공간이다. 하지만 여유를 찾을 수 있는 하천이 점점 줄어들고 있다. 자동차가 급격하게 증가하면서 교통체증과 주차난이 심각해졌고, 이를 해결하기 위해 하천을 복개하거나 하천변에 도로와 주차장을 만들었기 때문이다.

주차장으로 바뀐 하천 부지

하천에는 물이 풍부하여야 한다. 강수 시 내린 물은 땅 속으로 스며들어 지하수가 되어 서서히 하천으로 흐르게 되어 있다. 하지만 콘크리트 포장으로 불투수층이 증가하여 땅 속으로 물이 스며들지 못하기 때문에 하천으로 흐르는 물의 양이 줄어 하천 유량이 감소하고 있다. 이에 따라 도시 하천을 흐르는 물은 홍수 때 크게 증가하는 반면 평상시에는 대폭 감소하는 큰 차이를 보이고 있다. 이 결과 갈수기에는 도시 하천이 메마르게 된다. 도시의 소하천이 메말라 감에 따라 도시 내에서 물과 접할 수 있는 기회가 점점 줄어들게 된다.

바닥이 보이는 도시 소하천

도시 하천이 메말라 가는 것과 함께 하천에서 가장 큰 문제는 수질 악화이다. 수질이 악화되는 이유는 하천이 처리할 수 있는 능력 이상으로 오염물질이 많이 포함된 생활하수와 산업폐수가 하천으로 들어오기 때문이다. 하천은 오염물질을 스스로 정화할 수 있는 자정능력이 있으나 자정능력을 초과할 정도로 오염물질이 과다하게 유입되면 수질이 급격히 나빠진다. 오염된 물은 수생태계에 직접적인 영향을 미치고, 이는 생활용수의 부족으로 이어진다.

하천의 수질 악화

숨쉬기가 겁나는 도시 대기오염

도시 대기오염 가운데 갈수록 심각한 문제가 되고 있는 것이 미세먼지다. 미세먼지는 연료가 연소되는 과정에서 발생하며, 주로 공장과 자동차에서 배출된다. 미세먼지는 여러 가지 대기오염 물질 가운데에서 인체 위해성이 가장 높고, 스모그를 유발하며, 지구로 도달하는 빛을 반사시켜 지구의 열을 식히는 등의 영향을 끼친다. 입자가 큰 먼지는 몸 속에 들어가더라도 코와 기관지에서 걸러지지만, 미세먼지는 폐포까지 깊숙하게 침투하여 기관지와 폐에 쌓이게 된다. 미세먼지의 입자 속에는 중금속이나 수많은 유해 화학물질이 들어 있어, 천식, 호흡 곤란 등 각종 호흡계 질환을 일으키고 몸의 면역 기능을 떨어뜨린다. 심혈관계 질환에도 영향을 미치는 것으로 알려져 있다.

 광화학스모그는 자동차나 공장에서 화석연료를 사용한 후 배출하는 배기 가스에 포함된 질소산화물, 연료에서 휘발한 물질, 공장에서 나온 유기화학물질이 햇빛을 받아 화학 반응을 일으켜 나타난다. 광화학스모그 안에는 100여 가지의 유해물질이 있는데 그 중 대표적인 것이 오존이다. 강력한 산화제인 오존은 눈과 호흡기를 자극하기 때문에 광화학스모그가 발생하면 눈물이 나고, 눈이 맵고, 가슴이 답답해진다. 식물은 오존의 영향을 더 많이 받

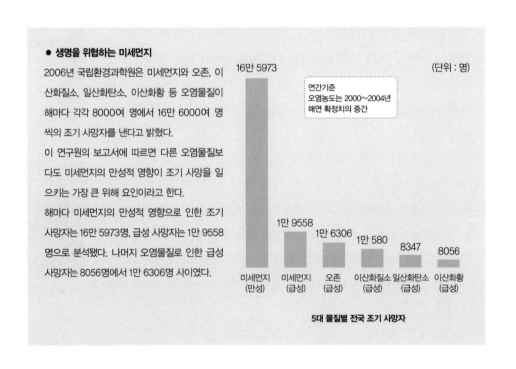

● 생명을 위협하는 미세먼지

2006년 국립환경과학원은 미세먼지와 오존, 이산화질소, 일산화탄소, 이산화황 등 오염물질이 해마다 각각 8000여 명에서 16만 6000여 명씩의 조기 사망자를 낸다고 밝혔다.

이 연구원의 보고서에 따르면 다른 오염물질보다도 미세먼지의 만성적 영향이 조기 사망을 일으키는 가장 큰 위해 요인이라고 한다.

해마다 미세먼지의 만성적 영향으로 인한 조기 사망자는 16만 5973명, 급성 사망자는 1만 9558명으로 분석됐다. 나머지 오염물질로 인한 급성 사망자는 8056명에서 1만 6306명 사이였다.

연간기준
오염농도는 2000~2004년
매연 확정치의 중간

(단위 : 명)

16만 5973

1만 9558

1만 6306

1만 580

8347

8056

미세먼지
(만성) / 미세먼지
(급성) / 오존
(급성) / 이산화질소
(급성) / 일산화탄소
(급성) / 이산화황
(급성)

5대 물질별 전국 조기 사망자

● 서울 및 대도시의 오존 수치

대기 중 오존의 시간당 농도 초과 횟수가 부쩍 잦아진 것으로 나타났다. 환경부가 공개한 '대기오염 물질 오염도' 자료에 따르면 오존의 시간당 농도가 기준치(0.1ppm/h)를 초과한 횟수가 1996년에는 전국적으로 343회, 2005년에는 1303회로 농도 초과 빈도가 3.8배로 높아졌다.

오존은 단기 기준의 초과 빈도가 평균 오염도보다 더 큰 의미를 지닌다. 단기간 고농도의 오존에 노출될 경우 호흡기 등에 나쁜 영향을 미치기 때문이다. 환경부에 따르면 오존의 단기 기준 초과 횟수가 계속 증가하고 있다고 한다. 이는 서울 등 대도시에서 자동차 대수가 크게 늘어나고 있기 때문이다.

1987년 5월 20일과 2003년 5월 7일에 서울 지역의 지표면 온도 분포를 나타낸 지도를 비교해 보면 2003년은 1987년에 비해 온도가 높은 지역(붉은색)이 늘어 서울의 열섬 현상이 심해지고 있음을 알 수 있다.

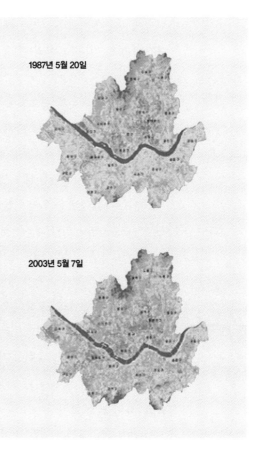

1987년 5월 20일

2003년 5월 7일

아서 미미한 농도에서도 엽록소가 파괴되어 광합성 속도가 절반 이하로 떨어진다. 결국 성장을 방해받아 생산성이 떨어져 식량 문제에도 영향을 미친다.

도시만의 기후

기후의 어원은 '경사' 또는 '기울기'라는 뜻의 그리스어 'klima'에서 유래하였다. 이는 지구의 태양에 대한 경사라고 할 수 있다. 기후는 지구 상의 위도 및 지형에 따르는 지리적인 차이와 시간적 차이로 구분할 수 있는데, 현재 사용하고 있는 기후라는 말 속에는 둘 다 포함되어 있다. 따라서 기후란 '지구 상의 특정한 장소에서 매년 반복되는 대기의 종합 상태'라고 할 수 있다.

그러나 자세히 살펴보면 기후도 수십 년 또는 수백 년이라는 긴 주기를 가지고 변화한다.

이렇게 기후가 변화하는 것은 태양 에너지의 변화, 지구의 조석 현상, 위성 공간의 변화, 지구 자전의 변화, 기타 인간 활동에 의한 변화(환경오염 등)에 기인한다.

도시에는 공기의 흐름을 방해하고 열을 발산하는 요소가 많기 때문에 일반적으로 주변 농촌 지역보다 기온이 높다. 도시 지역에서는 바람에 의한 기류의 흐름이 원활하지 못하여 일반적인 자연 지역과는 다른 기후가 나타나게 된다. 인구가 밀집한 대도시는 건물, 도로 등에 의해 주변 지역과는 다른 도시만의 독특한 기후를 만들어 내는 것이다. 도시 내 대형 빌딩들은 공기의 원활한 순환을 가로막은 채 뜨거운 복사열을 방출하고 있다. 또한 실내 온도를 낮추기 위해 대형 냉방기를 가동하여 외부로 뜨거운 열기를 내보내고 있다. 자동차 등에서 내뿜는 매연도 도시 상공에 마치 온실의 비닐이나 유리와 같은 역할을 하여 열의 방출을 가로막고 있다. 따라서 도시 상공은 고온의 공기가 섬 모양으로 덮여 있고, 등온선도 섬 지형의 등고선과 비슷한 모양을 띠는 '열섬 현상'이 일어난다.

열섬 현상

철을 녹이는 산성비

산성비란 산도 pH5.6 미만의 비를 말한다. 순수한 물은 중성으로 pH7이고, 일반적인 빗물은 대기 중에 존재하는 이산화탄소가 녹아 있기 때문에 pH5.6~pH6.5 정도의 약산성이지만, 대기오염이 심한 지역에서는 강한 산성을 띤다. 산성비의 주요 원인물질은 석탄, 석유 등이 연소하면서 발생하는 아황산가스(SO_2)와 자동차 배기 가스에 포함된 질소산화물(NO_x) 등이다. 이 화학물질이 빗물에 녹아 황산과 질산 등으로 변하여 산성비가 되는 것이다.

산성비는 산림을 파괴하고 하천을 오염시켜 생태계를 파괴하며, 토양을 산성화시켜 농업 생산성도 떨어뜨린다. 산성비는 호흡기 질환을 일으키는 등 인체에 직접적인 피해를 주고, 건물과 교량 등 구조물도 부식시킨다.

산성비를 유발하는 공장 및 발전소의 배기 가스는 주변 지역은 물론이고, 먼 지역에까지 날아가 산성비를 내리기도 한다. 따라서 산성비 문제는 국가 간에 환경 분쟁을 일으키고 있다. 스웨덴과 구소련, 미국과 캐나다, 우리나라와 중국 등 여러 나라에서 국가 간 갈등 요소로 작용하고 있다.

산성비의 생성 과정

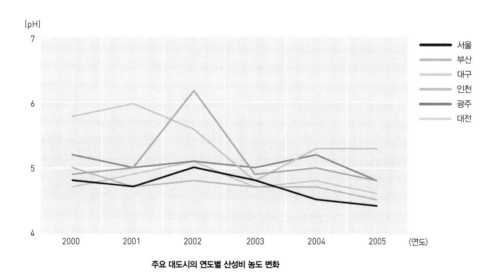

주요 대도시의 연도별 산성비 농도 변화

버릴 곳이 없다, 도시 폐기물

20세기에 들어와 인류는 지난 세기와 크게 달라졌다. 인구는 3배가 증가하고, 세계 총생산은 30배, 공업 생산은 50배가 늘어났다. 이에 따라 폐기물도 크게 증가하였다. 우리나라도 마찬가지로 인구가 증가하고 산업 생산이 늘어나면서 이에 수반되는 폐기물도 크게 증가하였다. 쓰레기를 줄이기 위해 분리수거와 재활용을 권장하고 있지만 쓰레기가 줄어들지는 않고 있다.

또한 다양한 석유화학물질의 등장으로 분해 소요 시간이 몇 년에서 심지어는 100년 이상 걸리기도 한다. 분해가 어려운 폐기물과 폐기물 처리 과정에서 배출되는 오염물질은 공기, 물, 토양의 구성 요소들을 변화시켜 생태계를 파괴하고 자연 생태계의 순환 능력을 저해시킨다.

쓰레기를 처리하는 방법은 크게 매립, 소각, 재활용이 있다. 우리나라에서 가장 많이 사용하는 방법은 매립이다. 쓰레기 매립은 여러 가지 문제를 안고 있다. 쓰레기에서 발생하는 악취와 침출수*가 매립장 주변 주민들에게 불편을 준다. 더욱이 도시의 인구가 늘어남에 따라 점차 도시 주변에서는 매립장을 짓기에 적당한 곳을 거의 찾기 힘들다. 이런 문제로 1990년대 중반 이후 소각을 통한 쓰레기 처리가 늘어나고 있다. 쓰레기 소각 역시 연소 과정에서 배출되는 유해한 대기오염물질이 주변 지역 주민의 건강에 나쁜 영향을 미칠 수 있다.

침출수
매립장 등 폐기물 최종 처분장의 쓰레기가 썩으면서 발생한 더러운 물을 말한다.

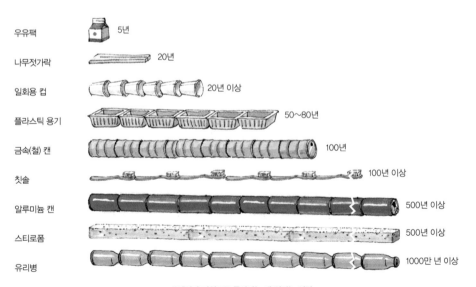

우유팩	5년
나무젓가락	20년
일회용 컵	20년 이상
플라스틱 용기	50~80년
금속(철) 캔	100년
칫솔	100년 이상
알루미늄 캔	500년 이상
스티로폼	500년 이상
유리병	1000만 년 이상

쓰레기가 자연으로 돌아가는 데 걸리는 시간

● 증폭되는 쓰레기 갈등

서울시는 몇 개 구의 쓰레기를 하나의 소각장에서 처리하는 공동 이용 조치를 취하고 있다. 하지만 일부 소각장은 현재 가동률이 30%대에 머무르고 있다. 이에 따라 인접 지역의 쓰레기까지 처리하도록 하여 최대 80%까지 가동시키려고 하고 있다. 이럴 경우 서울시에서 수도권 매립지로 가는 하루 쓰레기량을 1/3로 줄일 수 있다고 한다. 하지만 소각장 주변 지역의 주민은 쓰레기 반입을 결사적으로 반대하고 있다.

한 주민은 "소각장에서 나오는 가스량을 줄이기 위해 분리수거를 열심히 해서 70%에 달하던 가동률을 30%대로 줄여 놨더니, 이제 와서 인접 지역 쓰레기까지 처리하라고 하면, 누가 분리수거를 하겠느냐"며 "서울시에 배신당한 것 같다"고 분노했다. 쓰레기 소각장 바로 옆 ○○아파트에 사는 주민은 "다이옥신 등 환경 피해에 대한 두려움을 다른 지역 주민들은 모른다"고 잘라 말했다. 소각장 광역화 반대 비상대책위원장은 "우리 지역 주민들의 쓰레기 반입 거부가 지역 이기주의가 아니라, 자기 지역에 소각장을 짓지 않고 타지역 소각장을 이용하려는 것이 지역 이기주의"라고 몰아붙였다.

하지만 서울시는 쓰레기 반입을 멈출 수 없다는 입장이다. 현 추세대로라면 2022년이면 수도권 매립지가 수명을 다하지만, 서울시 내 소각장을 충분히 활용하면 2044년까지 연장시킬 수 있다는 것이다. 현실적으로 15년 안에 새로운 매립지를 확보하기는 어려운 실정이다.

노컷뉴스 2007년 1월 15일자

03
우리 도시, 맑고 푸르게

자연의 자정능력은 한계가 있다. 자연의 자정능력을 초과하는 도시의 활동 때문에
자연이 파괴되고 환경오염이 증가하고 있다. 자연의 수용능력 안에서 발전을 이룰 수
있는 방안을 모색해 보아야 한다.

환경을 보호하며 가꾸는 도시

산업혁명 이후 도시는 경제 성장의 중심지였다. 우리나라 역시 도시를 중심으로 산업화를
이룩하여 세계에서 유례를 찾을 수 없을 정도의 발빠른 성장을 거두었다. 그동안 우리 도
시는 생산 활동을 원활하게 하여 좀 더 많은 경제적인 부를 만드는 데 초점을 두고 개발되
었다. 그 결과 점차 환경이 파괴되고 파괴된 환경은 경제 성장의 발목을 잡고 있다. 우리 도
시는 사람들이 쾌적하게 살기에 적합하지 않은 곳으로 변해 가고 있다. 경제 성장과 환경은

맞바꿀 수밖에 없는가, 경제적으로 풍요로움을 영위하면서 도시의 환경도 잘 가꿀 수 있는 방법은 없는 것일까?

지속 가능한 발전*이란 경제 성장을 이루면서 환경도 보전하자는 것으로, 1987년 '환경과 개발에 관한 세계 위원회'가 제출한 보고서에서 처음으로 개념을 정립한 이래 1992년 브라질 리우데자이루에서 열린 유엔환경개발회의의 '리우선언' 채택을 계기로 지구촌 번영의 중심 개념으로 떠올랐다.

유엔환경개발회의의 목적은 산업혁명 이후 전 세계적으로 과도한 개발로 인한 환경파괴로 인류와 생태계가 위기에 처해 있다는 것을 인식하고 환경이 지탱할 수 있는 한도 내에서 경제 개발을 해 나가고자 하는 이른바 ESSD(Environmentally Sound and Sustainable Development) 이념을 실천하자는 데 있었다. 유엔환경개발회의는 모든 인간의 생활 방식, 미래 모든 도시에 공통적으로 적용될 새로운 방향을 제시하였다는 점에서 의의가 있다.

환경적으로 지속 가능한 사회는 생산 및 소비를 비롯한 경제 활동이 환경에 복구할 수 없을 만큼의 피해를 끼치지 않는 사회를 말한다. 도시를 지속 가능하고 살기 좋은 곳으로 만들려면 자원과 에너지 소비를 줄이고 가능한 한 환경오염이 적게 발생하도록 해야 한다. 생산과 소비에서 효율을 높이고 환경오염을 줄이고 자연을 가꾼다면, 삭막한 현재의 도시를 보다 풍요롭고 살 만한 도시로 만들 수 있을 것이다.

지속 가능한 발전
지구 자원을 고갈시키지 않고 미래의 인류와 다른 생물종을 위험에 처하게 하지 않게 하면서, 현재 우리들의 욕구를 충족시키는 발전 모델을 말한다. 경제 성장 위주의 정책에서 환경보전을 고려한 경제 개발로의 전환, 빈곤을 없앨 수 있는 경제 성장 및 분배 등이 이루어지는 발전 상태를 말한다. 이러한 목표를 성취하기 위해 모든 나라들이 협력할 때 지속 가능한 발전이 가능하다.

유엔환경개발회의

도시 속 생태계를 위하여

도시의 녹지와 생태계를 보전하고 복원하려는 노력이 다양하게 나타나고 있다. 빌딩 옥상에 정원을 만들거나, 도시에 생물 생태계를 회복해 생물의 생식 공간을 보전하기 위한 '비오톱 지도'를 만드는 것 등이 이러한 노력이다. 시민들이 환경을 지키기 위해 꼭 보존해야 하는 토지를 자발적으로 매입하는 '내셔널트러스트(National Trust) 운동'도 도시 속 생태계를 살리는 중요한 노력이다.

인공적인 구조물 위에 인위적으로 토양층을 형성하고 정원과 수공간 등을 만들어 녹지 공간을 조성하는 것을 '옥상 녹화'라고 한다. 옥상 녹화를 통

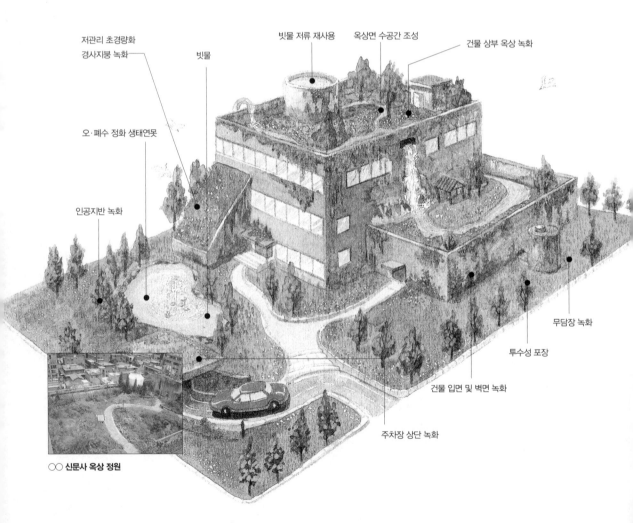

저관리 초경량화 경사지붕 녹화

빗물

빗물 저류 재사용

옥상면 수공간 조성

건물 상부 옥상 녹화

오·폐수 정화 생태연못

인공지반 녹화

무담장 녹화

투수성 포장

건물 입면 및 벽면 녹화

주차장 상단 녹화

○○ 신문사 옥상 정원

오사카 도심부에 위치한
공동주택인 넥스트 21의
수생비오톱은 들새의
먹이채취장이다.

해 도시 환경오염을 완화하고, 도시 생태계를 복원하며, 도시 열섬 현상 해소 등 기후 조절을 할 수 있으며, 에너지를 절약하고, 도시 소음을 감소시킬 수 있다. 또한 도시 경관을 향상시키고 도시민에게 휴식 공간을 제공하며 다양한 환경 교육의 기회를 제공한다.

'비오톱(biotope)'이란 그리스어로 생명을 뜻하는 'bios'와 땅을 뜻하는 'to-pos'의 합성어로 자연 생태계와 동일한 의미로도 쓰이지만, 특정한 생물군으로 성립된 생태계라고 할 수 있다. 요즘은 도심에 존재하는 인공적인 생물 서식 공간을 의미한다.

도시의 녹지는 야생생물이 살기에 적당하지 않기 때문에 야생동물의 이동 통로나 연못 등을 조성해 단절된 녹지를 연결해야 한다. 비오톱은 생물의 보전과 복원, 생명 연장에 꼭 필요한 시스템이다. 이러한 비오톱을 보전·창출하기 위해서는 생식지와 생식지 사이를 유기적으로 연결함으로써 다양한 생물 공간을 만들어 나가야 한다. 비오톱 지도는 지도상에 비오톱을 표시한 것으로, 각 비오톱의 생태적 특성을 반영한 비오톱 유형과 보전 가치 등급을 나타낸 지도이다. 서울시는 생태적인 도시 관리의 필요성을 인식하며 1999년에 국내 최초로 비오톱 지도를 작성하고 도시 생태 보전 및 복원 등에 활용함으로써 지속 가능한 도시 발전에 기여하고 있으며, 다른 지방자치단체들도 비오톱 지도를 작성하고 있다.

내셔널트러스트 운동 기념비

도시 속 생태계를 살리는 또다른 방법은 내셔널트러스트 운동이다. 시민들의 자발적인 모금이나 기부, 증여를 통해 보존가치가 있는 자연 자원과 문화 자산을 확보하여 시민 주도로 보전하고 관리하는 시민 환경 운동으로 1985년 영국에서 처음 시작되었으며 우리나라에서는 1994년 무등산보호단체협의회를 중심으로 시작되었다. 대지산, 고봉산, 우면산 등이 내셔널트러스트 운동에 힘입어 개발로 훼손되는 것을 피할 수 있었다.

에너지 절약, 도시에서부터

도시에서 일어나는 생산과 소비 활동은 많은 에너지를 필요로 한다. 제품의 생산을 위해 원료를 채취하고 가공하여 유통하고 판매하는 전 과정에서 에너지가 소비된다. 일상생활에서도 마찬가지다. 취사와 난방뿐 아니라 교통수단을 이용해 이동하는 모든 과정에서 에너지가 소비된다.

생활이 편리해지면서 일상생활 구석구석에서 에너지 사용이 늘고 있다. 하지만 우리가 원하는 대로 무한정 쓸 수 있을 만큼 에너지가 충분한 것은 아니다. 오늘날의 주요 동력원인 석유를 비롯한 화석 에너지는 앞으로 몇십 년 이내에 고갈될 것이라는 데 이견이 없다.

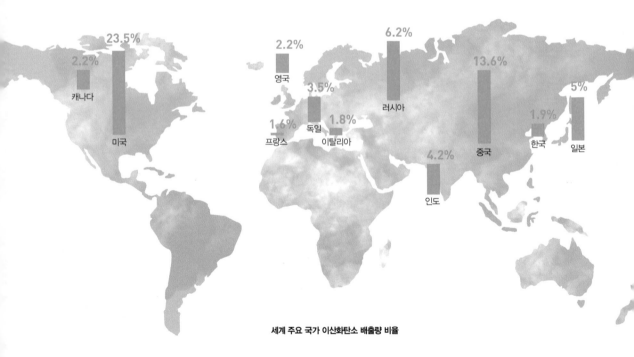

세계 주요 국가 이산화탄소 배출량 비율

무엇보다 도시의 에너지 사용량을 줄이는 것이 중요하다. 오늘날 세계 인구의 절반 이상이 도시에 살고 있기 때문이다. 우리나라는 인구 열 명 중 여덟 명 정도가 도시에 살고 있을 정도로 도시화율이 세계 어느 곳보다도 높다. 따라서 도시에서 에너지 사용을 줄이는 것이 효과적인 대응책이 될 수 있다. 그래서 많은 나라들이 기후변화협약과 교토의정서* 같은 노력을 기울이고 있다.

도 시 환 경 을 보 존 하 는 몇 가 지 방 법

에너지의 대명사인 석유는 재생 불가능한 자원이다. 쓰는 양이 늘어날수록 고갈되는 시기는 앞당겨질 것이다. 하지만 무한히 재생되는 에너지도 있다. 태양 에너지를 비롯하여 바람을 이용한 풍력 에너지, 조수 간만의 차를 차를 이용한 지열 에너지 등은 고갈될 걱정이 없고 오염물질도 배출하지 않는 훌륭한 에너지원으로 오늘날 도시가 안고 있는 에너지 문제와 환경오염 문제를 해결하는 중요한 역할을 할 수 있다.

도시 환경을 보존하는 방법 중의 하나는 도시에서 각종 활동으로 불가피하게 발생하는 쓰레기를 그대로 버리는 것이 아니라 오염 정도를 줄여서 내보내는 것이다. 도시와 도시 주변에 있는 폐기물 처리장이나 폐수 처리장에서 오염물질을 자연에서 분해되기 쉬운 형태로 바꾸어 내보내거나, 쓸모 있는 것들을 골라내어 다시 한 번 더 쓰고 버리는 것이다. 쓰레기 매립장이나 쓰레기 소각장에는 폐기물 처리 과정에서 나오는 여러 가지 부산물을 이용할 수 있는 시설들도 함께 설치되어 있다.

기후변화협약과 교토의정서
기후변화협약이란 온실 가스가 기후변화를 초래하는 주범임을 인식하고 배출량을 줄이기 위해 세계 각국이 1992년 브라질 리우데자네이루에 모여 합의한 약속이다. 우리나라는 1994년에 이 협약에 가입하였다. 협약 참가국들은 1997년 일본 교토에서 만나 선진국을 중심으로 온실 가스 감축 일정을 정하고 이행을 약속했는데, 이것을 교토의정서라고 한다. 이에 따르면 선진국들은 1차 공약 기간인 2008~2012년에 1990년 배출량 수준에서 평균 5.2% 줄이기로 하였다. 우리나라는 교토의정서의 감축 의무 국가에 해당되지 않지만 2012년 이후 새로운 공약을 만들 경우 다른 나라들로부터 감축 요구를 거세게 받을 것으로 보인다.

집열기나 태양전지 등 기계적 장치를 이용하는 시스템

태양열을 이용한 급탕 시스템

도시적 토지 이용을 위해 녹지를 없애고 공장과 주택 단지를 건설하거나 자동차가 다니기 편리하게 만들어진 콘크리트 포장도로는 토양 생태계가 숨쉴 수 없게 하고, 물의 흐름을 방해한다. 좁은 공간에서 토지를 보다 효율적으로 이용하기 위해 높이 올린 빌딩과 아파트 숲은 공기 흐름을 차단하여 도시 공기 정화를 어렵게 한다. 도로교통 위주의 도시 체계는 사람들로 하여금 자동차에 의존하게 만든다. 자연과 조화를 이루지 못한 도시 개발과 도시적 생활 양식은 대기오염, 수질오염, 폐기물 문제 등 도시 환경 문제를 일으킨다.

도시 환경 문제를 개선하기 위해서는 도시를 계획하고 설계할 때 자연 생태계가 가지고 있는 다양성, 자립성, 안정성, 순환성을 고려해야 한다. 도시의 구조 및 기능면에서 환경을 배려하고, 인간의 생활, 행동면에서 시민 개개인의 자각에 기반을 둔 환경에 대한 배려가 녹아들어 있는 생태도시(ecological polis)를 가꾸고자 하는 움직임이 나타나고 있다.

생태도시는 도시에서 지속 가능한 발전을 추구하기 위한 노력 가운데 하나이다. 생태도시란 자연 생태계의 보전·복원은 물론 에너지와 수자원의 순환적 이용이 가능한 도시를 말한다. 이는 미래 세대에게 필요한 자연환경을 손상시키지 않으면서 우리 세대의 필요를 충족시키는 것을 도시에서 실현하고자 하는 생각에서 비롯된 것이다.

산업 단지는 에너지를 집약적으로 이용한다. 자원과 에너지를 효율적으로 이용한다면 생산 비용도 절감할 수 있고, 환경오염도 줄일 수 있다. 산업 단지 내의 기업과 기업, 공장

● 독일의 킬 하세 생태 주거 단지

킬 하세 생태 주거 단지는 1986년 독일의 홀슈타인 주 지역 주민들이 직접 참여하여 만들었다. 주거 단지를 만드는 과정에서 자연 경관 및 환경생태적인 조건, 지역의 문화를 모두 고려하였다. 잔디 지붕은 충분한 산소를 공급하고, 실내는 열 손실을 최소화하도록 공간을 배치하였다. 교목, 관목숲, 습지와 둔덕 등 지표면을 그대로 보존하여 빗물이 잘 흡수되게 하였고, 개방된 배수로는 빗물의 증발을 돕고 천연 연못에 빗물이 고이게 하는 효과적이고 자연적인 시설이다. 자연 발효식 화장실은 매일 사용하던 물의 양을 대폭 줄였다.

과 공장을 서로 연결시켜 생산 공정에서 배출되는 부산물, 폐기물, 폐에너지 등을 다른 기업이나 공장의 원료 또는 에너지원으로 쓸 수 있도록 할 수 있다. 자연 생태계의 원리를 산업에 적용하여 생태 산업 단지(eco-industrial park)*를 구축할 필요가 있다.

생태 산업 단지

생태 산업 단지란 먹이사슬로 공생하는 자연생태계의 원리를 산업에 적용한 개념이다. 폐기물 및 부산물을 재자원화하여 산업 단지 내 오염물질을 최소화하는 친환경 산업 단지를 말한다.

● 덴마크 칼룬드버그 생태 산업 단지

칼룬드버그 생태 산업 단지는 덴마크 수도 코펜하겐 근처의 작은 소도시로 세계 최초의 공생 단지이며 지금까지 가장 효율적으로 운영되는 생태 산업 단지이다. 칼룬드버그 생태 산업 단지의 핵심은 덴마크 최대의 화력 발전소 아스넥스이다. 이곳에서 발생하는 높은 온도의 증기는 제약회사 노브 노르디스크의 효소를 발효시키고 주민들의 난방을 비롯해 스티오일 정유회사의 송유관을 데우거나 양어장의 온수로도 사용된다. 또한 발전소의 탈황 장치를 통해 부산물로 황이 생성되자 황산을 만드는 회사가 들어섰고, 황이 제거된 재는 시멘트 공장의 원료로 사용하거나 정제하여 니켈과 바나듐을 추출해 낸다. 자이프록 석고보드 제조업체는 발전소로부터 석고를 공급받고, 정유회사에서 버리는 가스로 석고보드를 건조하고, 하수를 정수 처리하여 발전소로 보내 보일러 청소용으로 사용한다. 이 밖에도 효소 공장에서 발생하는 부산물은 퇴비로 이용되며, 토지 정화 회사에서 정화를 거쳐 토양을 개선하고 오염을 최소화하고 있다.

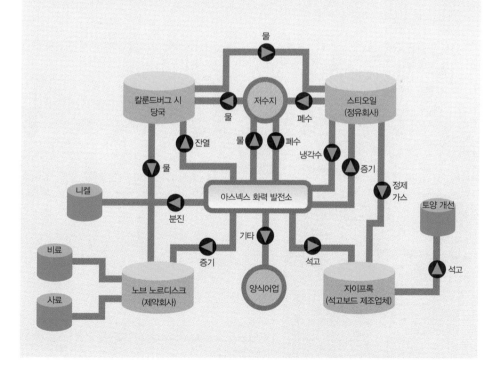

맑고 깨끗한 건강도시, '무주'

건강도시는 '모든 인류의 건강을(Health for All)'이라는 원칙을 도시에 적용하는 것이다. 1984년에 캐나다 토론토 시에서 열린 '건강도시 토론토(Healthy Toronto) 2000' 워크숍을 효시로 건강도시 사업이 시작된 이후, 현재 전 세계적으로 1000여 개 이상의 도시에서 사업이 추진되고 있다. 세계보건기구(WHO)는 사람이 건강하기 위해서는 도시가 건강해야 한다는 것을 인식하고, 건강한 도시 만들기의 중요성을 강조하고 있다.

천혜의 자연환경을 품고 있으며, 반딧불이와 다슬기 같은 깨끗한 환경에서만 서식하는 생물을 볼 수 있는 청정 지역 무주가 건강도시로 브랜드화하고 있다.

무주는 2007년 건설교통부의 '살고 싶은 도시 만들기 대상'의 안전·건강도시 부문에서 국무총리상을 수상했고, 살고 싶은 도시 시범사업 대상 지방자치단체로 선정되었으며, 2008년 전라북도에서 처음으로 세계보건기구 아·태건강도시연맹에 가입하였다. 이후 건설교통과를 중심으로 다양한 건강도시 정책을 추진하고 있다. 특히 주민의 건강 증진을 위한 다양한 건강도시 시설을 만들어 가고 있는데, 노인의 건강 증진을 위한 낙상예방공원, 청소년의 체력 향상을 위한 유소년 축구 경기장, 주민의 생활체육 활성화를 위한 마을 단위 체육 시설 등은 매우 우수하다.

1 낙상예방공원
2 무주초등학교 내 유소년 축구 경기장
3 태권도공원 조감도

독일, 슈투트가르트

포장도로와 자동차, 고층건물이 가득한 도시는 오염물질이 정체되어 자칫 오염 사고가 일어날 수도 있다. 그러나 도시의 건물과 녹지 등을 어떻게 배치하느냐에 따라서 이러한 문제를 해결할 수 있다. 독일의 슈투트가르트 시는 도시 내 공기의 흐름을 반영한 도시의 토지 이용 계획을 수립하여 대기오염에 성공적으로 대처하였다.

슈투트가르트 시는 바람 통로와 바람 공장을 확보하기 위해 도심에 가까운 구릉에 있는 녹지를 보전하거나 조성하고, 기존 건물을 고치는 것 외의 신규 건축을 금지하였다. 도시 중앙부의 바람길이 되는 지역은 건축물 높이를 5층까지 제한하고 건물 간격은 3m 이상으로 하였다. 바람이 지나가는 큰 길과 작은 공원은 100m의 폭을 유지하도록 하였다. 바람이 통하는 길이 되는 숲의 샛길을 정비하고, 키가 큰 나무를 빽빽하게 심어 신선하고 차가운 공기가 고이는 공기 댐을 만들고 강한 공기 흐름을 확산시키도록 하였다.

이 결과 신선한 공기를 도심으로 끌어들이고 도심의 오염된 대기를 확산시키는 데 성공하였다. 아울러 바람을 생산하는 공장 역할을 하는 숲은 시민들에게 자연과 접할 수 있는 기회를 늘려 주고 있다. 바람길 계획은 도시가 자연의 품에 안겨 있다는 것을 인식시키고, 쾌적함과 지속성을 높일 수 있는 훌륭한 수단으로 자리잡고 있다.

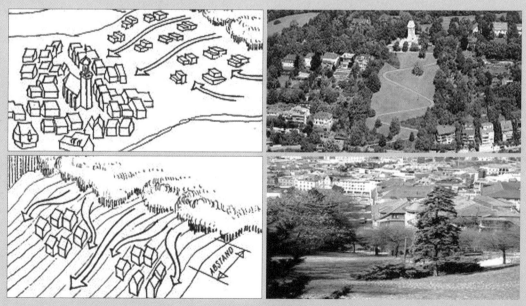

슈투트가르트 바람길 사례

6 도시 경관의 시대

사람마다 얼굴이 다르듯 도시의 얼굴인 경관도 천차만별이다. 세계적으로 유명한
도시는 그 도시만의 매력적인 도시 경관을 지니고 있다. 최근 우리 도시도
새롭고 아름다운 경관을 만들려는 시도가 활발하게 일어나고 있다. 주민 스스로
고민하고 상의해서 만들어 가는 도시 경관의 모습은 아름다움을 넘어 정체성을
가진 특색 있는 경관으로 거듭나게 될 것이다.

01

도시의 얼굴, 경관

도시 경관은 강, 산과 같은 자연적인 것과 건축물, 광고물 등과 같은 인공적인 것, 그리고 사람들의 활동에 의하여 형성되는 사회·문화적인 것 등을 포함한다. 이러한 도시 경관은 아름다움을 넘어 도시 정체성을 추구한다.

경관
경관은 영어로 'landscape' 라 하는데, 이 말은 중세 시대 영주가 소유한 영토를 의미하는 'landscipe'에서 유래되었다. 이 말은 오늘날 자연, 장소, 지역, 환경 등과 관련된 다의적 개념으로 사용되고 있다.

경관은 나와 풍경과의 대화
경관*은 지표 위의 풍경을 특징짓는 여러 요소를 종합한 것으로, 도시 경관은 도시라는 특정한 지역을 대상으로 한 경관을 말한다. 도시 경관은 우리

가 일상생활에서 보고 체험하는 도시의 모습이다. 우리의 눈에 보이는 시각적인 풍경뿐만 아니라, 오감으로 느껴지는 도시의 인상이나 시민 생활의 분위기까지 포함하는 총체적인 것으로, 즉 도시를 구성하는 건축물과 같은 인공시설, 숲과 물 같은 자연물 등 시각적으로 보이는 도시의 풍경, 그리고 사람들의 활동에 의하여 나타나는 다양한 모습과 독특한 분위기 등 비시각적인 것까지도 포함한다.

도시 경관은 눈에 보이는 도시의 모습과 이를 수용하는 사람의 심리적·체험적 현상까지 포함한다. 따라서 매력적인 도시 경관은 지각적인 측면에서 눈에 보이는 아름다운 도시, 인지적인 측면에서 기억나는 도시, 체험적인 측면에서는 정겨운 도시라는 복합적인 요소들을 모두 포함한다.

도시 경관의 구성 요소

도시 경관의 일차적인 구성 요소는 우리 눈에 보이는 대상이다. 이러한 대상은 건축물, 도로, 하천, 공원 등으로 구성된다. 도시 경관의 또다른 구성 요소는 인상(이미지)이다. 고유한 특징과 정체성을 지닌 장소는 경관의 주요 구성 요소로, 이러한 장소에는 사람들의 다양한 활동이 일어나고, 역사나 문화, 상징 같은 고유한 정신적 가치가 존재한다.

도시 경관은 크게 사람의 손이 닿지 않은 자연 경관과 사람의 손길이 닿은 인공 경관으로 구분되며, 자연 경관은 녹지와 수변 경관으로, 인공 경관은 역사 경관과 생활 경관으로 나눌 수 있다. 도시 경관은 경관을 바라보는 사람의 위치나 거리에 따라 조망형 경관과 환경형 경관으로도 나눌 수 있는데 조망형 경관은 비행기를 타거나 산에 올라가서 비교적 먼 거리에서 넓은 지역을 바라볼 때 보이는 경관이며, 환경형 경관은 가까운 거리에서 바라보는 경관으로 내가 사는 집에서 내다보는 공원, 걸어가면서 바라보는 거리의 모습 등이다.

21세기는 도시 경관의 시대

경제 개발이 우선시 되던 시대에는 도시 경관의 가치를 중요하게 여기지 않았으나 삶의 질, 환경의 질을 강조하는 시대로 변모하면서 도시 경관에 대한 관심이 점점 더 높아지고 있다.

21세기는 환경과 문화의 시대이자 이미지가 중요시되는 시대이다. 앞으로 도시는 환경과 문화를 중요하게 다루면서 강렬한 인상을 만들어 나가는 방향으로 나아가야 할 것이다. 이런 면에서 도시 경관이 추구하는 가치도 단순히 미관을 아름답게 하는 데 그치는 것이 아니라, 고유한 특징이나 이미지를 살려 도시 정체성을 형성하고 가치를 높이는 방향으로 나아갈 것이다. 아름다운 도시 경관은 도시의 경제와 관광을 활성화시켜 도시 경쟁력을 높이는 데도 기여한다. 세계적으로 유명한 도시는 독특하고 아름다운 도시 경관을 가지고 있어서 전 세계의 관광객들을 불러 모으고 있다.

자연 경관

인공 경관

● 마천루의 과거와 현재

인류가 세운 최초의 고층 건물은 구약성경에 기록된 바벨탑이다. 후세 학자들은 바벨탑이 7층 건물이며 높이는 90m정도라고 추정하였다.

오늘날 세계 각국은 점점 더 높고 멋진 건물을 짓고 있다. 이러한 마천루는 현대 도시를 상징하는 대표적 경관으로, 최근에는 도심지 재생과 맞물려 초고층 빌딩들이 새로운 도심 경관을 형성하고 있다. 미국의 뉴욕, 중국 상하이, 아랍에미리트의 두바이 등은 초고층 빌딩들의 숲으로 유명하다. 최근 우리나라도 초고층 빌딩 건설 계획을 계속하여 발표하고 있다.

하지만 도시 내의 마천루 건설을 걱정하는 목소리도 높아지고 있다. 마천루가 도시 내 토지 이용에서 긍정적인 역할을 하지만, 때로는 나쁜 영향을 미치기도 하기 때문이다. 마천루가 도시의 랜드마크가 될 때 가져올 수 있는 긍정적인 효과와 주변 경관에 미치는 부정적인 효과에 대하여 생각해 보아야 할 것이다.

바벨탑 상상화

버즈 두바이

엠파이어 스테이트 빌딩

02

과거와 현재의 우리 도시 모습

서구인들은 인위적으로 만든 높은 구조물에 관심을 가진 반면 우리 조상들은 산을 자연
그대로 두고 도시를 건설하거나 건물을 배치하였다. 우리나라에서 산은 가장 중요한
경관 요소로서 랜드마크의 역할도 하고 시내를 내려다보는 전망대로도 이용된다.

전통적인 우리나라의 경관 사상

우리 조상들은 도시나 마을, 집이나 정원 등을 꾸밀 때 어떤 경관 원리를 적용하였을까? 풍
수지리(風水地理)는 우리나라의 대표적인 경관 사상이다. 조선을 건국할 때 풍수지리 사상
에 기초하여 한양을 도읍지로 삼았다. 유교, 불교, 도교도 우리나라 경관 형성에 많은 영향
을 주었다. 양반 가옥에서 안채와 사랑채를 구분한 것은 남녀 사이에 분별이 있어야 한다는
유교의 영향을 받은 예이며, 반달 모양의 다리는 무릉도원의 입구를 상징하는 것으로 도교
의 영향을 받은 예이다. 인간과 건축물, 도시는 자연과 하나로 어우러져야 한다는 자연합
일 사상은 도시 경관 형성에 중요한 영향을 끼쳤다.

우리 조상들은 산지가 넓고 평지가 좁은 지형을 고려해 특별한 경관을 만들었다. 우리나
라 전통 마을은 대부분 배산임수(背山臨水)의 원칙을 따라 뒤에 산이 있고 앞에 하천이 흐르
는 곳에 모여 있다. 이렇게 형성된 전통 마을과 농경지, 산림, 그리고 하천 등은 경관을 짜
임새 있게 구성하고 있다. 풍수지리 사상에서는 높고 낮은 산이 사방을 에워싼 가운데 남쪽
으로 작은 하천이 모여 흘러나가는 입구가 터져 있는 곳에 도읍이나 마을 집터를 정하면 땅
의 기운을 받아 복을 누리게 된다고 믿었다. 이러한 위치는 샘물이 풍부하여 식수를 얻기
편리하고, 일조량이 많고, 북서계절풍을 막아 따뜻하고 일정한 습도를 유지시켜 준다. 또
땔감이나 산나물을 얻기 쉽고, 돌림병을 막고 외부 침입을 방어하는 데 유리하다. 산에 모

인 물은 아래로 흘러 기슭과 평지에 자리 잡은 마을과 농경지에 공급된다. 풍수지리 사상에 기초하여 만들어진 마을은 자연과학적으로도 우수한 특징을 나타낸다.

도시 위에 사신도를 그려 넣은 조선 시대

서울의 역사는 선사 시대부터라고 할 수 있지만, 정식으로 국가의 수도로서 도시 계획이 진행되고 현재 모습의 기틀을 갖추게 된 것은 조선 시대부터이다. 조선 시대에 도읍지의 입지 선정과 건물의 배치 계획은 음양오행설과 풍수지리 사상에 기초한 사신도(四神圖) 형태를 기본으로 했다. 이로써 좌청룡, 우백호, 북현무, 남주작을 네 방위로 하는 변형된 형태의 장방형 도시 구조가 형성되었다.

전통적인 서울 경관은, 산이 중요한 요소로 나타난다. 산은 도시의 입지나 건물 배치의 기준이 되기도 하며, 도시의 스카이라인을 형성하고, 랜드마크 역할을 한다. 서구인들은 로마의 일곱 언덕이나 아테네의 아크로폴리스 언덕 같은 산에다 건물을 세웠지만, 우리는 산을 자연 그대로 두고 손대지 않았다. 풍수지리 사상에서 나타나는 산의 기능을 최대한 활용하고, 산을 존중하며, 자연과 조화를 이루고자 했던 당시의 사회·문화적 배경을 읽을 수 있다.

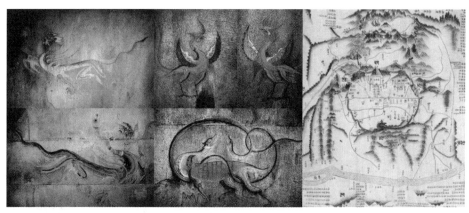

사신도와 해동지도에 나타난 1760년대 서울

시대를 반영하는 도시 경관

서울은 강화도조약으로 인한 개항을 계기로 도시 경관에 상당한 변화를 겪었다. 서구의 근대 문물이 도입됨에 따라 도시 내에 새로운 질서가 형성되고, 도시 경관도 빠르게 변화하였다. 1897년에 세워진 독립문, 1898년에 세워진 명동성당 같은 근대 건축물이 서울의 스카이라인을 변화시켰고, 서대문과 청량리 사이에 전차가 개통되고 종로 네거리에 가로등이 등장하고 전봇대와 전화가 가설되는 등 가로 경관에도 큰 변화가 생겼으며, 외국인 거주지를 중심으로 근대적 주택들이 들어섰다. 그러나 무엇보다도 큰 변화는 조선 시대 500년 간 중요한 경관 요소로 그 모습을 지켜 온 성벽이 훼손되었다는 점이다.

일제강점기는 우리나라 도시가 근대적 모습을 갖추게 되었다는 점에서 의의가 있다. 그러나 근대화가 일본에 의하여 왜곡된 형태로 진행되었다는 점에서 불행한 일이다. 일본은 의도적으로 조선의 정체성을 부정하고 왕권을 약화시켰으며, 우리 민족을 우민화하고 탄압하였다. 이러한 정책은 도시 경관에 그대로 나타났다. 즉, 경복궁 앞에 조선총독부를 세워 식민 통치를 정당화함과 아울러 북한산 - 경복궁 - 관악산을 잇는 전통적인 경관축을 훼손시켰다. 또한 수탈과 통제의 목적으로 도시계획을 운영하여 좋은 상점과 건물이 있는 거리에는 일본인들이 장사를 하고 허술한 상점들이 있는 지역에는 조선인이 장사하는 이중적인 상업 가로 경관을 형성하였고, 좋은 주택이 있는 지역에는 일본인들이 살고 불량한 주거지에는 조선인들이 사는 이중적인 주거 경관을 형성하였다.

1960년대 경제 개발과 1970년대 강남 개발로 서울의 모습은 획기적으로 변하기 시작했고, 현재의 도시 경관은 아파트 단지와 마천루, 자동차가 많은 가로 경관이 중심을 이루게 되었다. 그러나 당시에 도시 경관이나 자연환경과의 조화를 고려하지 않은 마구잡이 식의

서울의 근대 건축물 1 명동성당 2 조선총독부 3 독립문

개발로 인하여 오히려 경관이 파괴되고 자연환경이 훼손되는 일이 많이 일어났다. 좁은 지역에 많은 사람들이 거주하게 되면서 주택과 주택용지가 부족해져 산에다 집을 짓고 고층 아파트를 대량으로 짓게 되었다. 아파트는 좁은 도시의 주거 문제를 해결하는 대안이지만, 도시 스카이라인을 혼란시키고 조망을 단절시키는 등 도시 경관 형성에 나쁜 영향을 미치기도 하였다. 급속한 도시화·산업화·서구화의 영향으로 한국의 정체성을 잃어버린 것은 우리나라 도시 경관의 가장 큰 문제이다.

서울의 경관 변화 1 조선 후기 2 일제강점기 3 1960년대 4 현재

● 남산 제모습 찾기 운동

1969년 5월 남산 중턱에 세워진 외인 아파트는 경제 개발이 한창이던 당시의 모습을 상징적으로 보여 주는 것이었다. 그러나 1980년대 후반에 접어들어 도시가 성장하고 시민의식이 높아짐에 따라 외인 아파트가 남산의 경관을 해친다는 의견이 제기되었다. 1990년대 들어 서울시는 '남산 제모습 찾기 운동'을 시작하여 남산의 경관을 해치고 있는 외인 아파트를 철거하는 한편 남산에 있던 권력 기관과 군부대를 이전하고, 전통 한옥 마을을 조성하였다. 남산 제모습 찾기 운동은 남산이 시민들을 위한 장소로 다시 태어났다는 데 그 의의가 있다.

남산 외인 아파트 철거 모습

종로의 경관 변화

역사가 흐르면서 특정한 장소에는 나이테가 만들어진다. 나무의 나이테를 보고 나무의 나이와 과거의 기후, 환경 등을 추측할 수 있듯이 장소의 나이테를 통해 우리는 그 장소가 어떻게 변해 왔는가를 알 수 있다. 역사를 가진 고도 서울의 종로 피맛길 가로 경관을 중심으로 역사가 어떻게 변해 왔는가를 살펴보자.

피맛길 단절
한미전기주식회사 건물과 1907년 황성기독교청년회관 (YMCA 전신) 건물이 종로에 들어서면서 피맛길이 단절되었다.

피맛길의 음식점
일제강점기에는 명동에 일본인의 상권이, 종로에 조선인의 상권이 형성되었다.

1937 ＞

1900　　1910

1876　＞

구한말 종로와 피맛길
조선의 개항과 함께 청나라 상인, 일본 상인이 조선에 진출하고 종로에 새로운 상권이 생기면서 가로 경관이 변화하기 시작하였다.

화신백화점 등장
화신백화점이 등장하면서 종로의 가로 경관이 크게 변화하였다. 그러나 이면 가로였던 피맛길은 조선 시대의 성격을 유지하고 있었다. 즉, 여전히 서민들의 가로 공간으로 팥죽집, 떡집, 설렁탕집, 술집 등이 집중되어 있었다.

대표적 상업 중심가

일제강점기가 지나고 광복이 된 후에도 종로는
우리나라의 대표적인 상업 중심가의 역할을 하였다.
한국전쟁 이후에도 이전의 자리에 그대로 건물이
지어짐에 따라 피맛길의 형태는 유지되었다. 이 시기에
종로에는 학원, 포목점, 제과점, 유흥점 등이 생겨났고,
피맛길에는 학생들이 즐길 수 있는 공간들이 많이
생겼다.

대규모 빌딩 등장

종로에 규모가 큰 빌딩들이 들어서면서 종로와 피맛길의
모습이 크게 변하기 시작하였다. 1980년 교보빌딩, 1988년
제일은행 등이 들어서면서 피맛길의 지속성이 점차 끊기게
되었다.

1999

1970

1950

1980

서민과 학생의 피맛골

서울 도심부에 활력을 불어넣고자 도심 재개발 사업이 추진되었으나, 도심의
복잡한 이해관계 때문에 계획이 지연되거나 무산되었다. 따라서 1970년대까지
서민과 학생이 주로 찾는 피맛길은 이렇다 할 큰 변화 없이 그 상태를 유지하였다.

종로타워 등장

1999년에는 옛 화신백화점 자리에 33층 높이의 종로타워가 세워졌다. 이 건물은 옛 화신백화점
자리에 세워졌다는 역사적 의미와 2000년 서울시 건축상 준공건물 부문 금상 등을 차지하면서 종로의
랜드마크 역할을 한다는 긍정적인 평가가 있는 반면, 주변과 조화를 이루지 못하고 가로의 연속성을
깨뜨린다는 비판 등 이중적인 평가를 받고 있다. 종로타워는 피맛길의 진입을 어렵게 하고 피맛길의
연속성을 단절시키는 결과를 초래하였다. 종로타워와 함께 2007년 여름에 준공된 르 메이에르
종로타운의 경우도 기존의 피맛길의 상권을 위축시키고 피맛길의 연속성을 해치고 있다. 최근 종로에
세워지는 거대한 빌딩으로 인하여 피맛길의 입지는 점점 더 좁아지고 있다.

03
아름다운 우리 도시 만들기

사람마다 얼굴이 다르듯이 우리 도시도 각자의 얼굴인 경관을 갖는다. 어떤 경관은
아름답고 좋은 이미지를 남기는 반면, 어떤 경관은 정말 보기 싫기도 하다. 우리 도시의
얼굴, 어떻게 가꿀 수 있을까?

도시의 찡그린 얼굴

도시화·산업화가 급격하게 이루어지고 주택이 부족해지자, 산을 보호하고 존중하던 우리
나라의 전통적인 도시 경관과는 다르게 산과 구릉지에다 집을 짓게 되었다. 그런데 이런 집
들이 이제 노후화되어 재개발이 필요하게 되었다. 우리나라 도시들은 재개발을 하면서 거
의 모두 아파트를 고층으로 짓고 있는데, 이런 고층 아파트를 산이나 구릉지에 짓게 되는
것이다. 서울의 재개발 아파트 중 구릉지에 짓는 비중이 전체의 60% 이상 된다고 한다. 산
지가 대부분인 우리나라 지형에서 생기는 어쩔 수 없는 일일지는 모르지만, 이러한 아파트
는 과도하게 도시의 산을 가린 채 주변 주택과 어울리지 않는 모습으로 서서 햇빛과 바람을
막는다.

　강과 하천의 수변 지역은 도시 생태계를 유지해 주고 도시민들에게 여유와 휴식을 전해
주는 공간이다. 그러나 강과 하천 주변 및 인근 구릉지에 고층·고밀의 아파트가 병풍처럼
세워지면서 수변 지역의 아름다운 경관과 주요 산의 조망 경관이 상실되고 있다. 서울의 경
우 한강을 따라 거대하게 형성된 고층 아파트 숲은 한강과 주변의 아름다운 경관을 훼손하
고 있는 것이다.

　또한 단독 또는 다세대·다가구 중심의 저층 주택가에 돌출된 나홀로 아파트도 도시 경
관을 해치는 주범이다. 나홀로 아파트는 주변의 주거지와 조화되지 못하는 문제를 안고 있

도시 경관 훼손 사례 1 한강변 병풍 아파트 2 구릉지의 고층 아파트 3 나홀로 아파트

다. 인근 주민들이 누려야 할 햇빛, 바람, 조망 등을 차단하여 주거 기본권을 침해하거나 프라이버시를 침해하는 문제가 발생하기도 한다.

　무질서한 광고물의 난립은 시가지 경관 훼손의 주범으로 지적되고 있다. 혼란스럽게 설치되어 있는 형형색색의 광고물들은 특색 없는 가로 경관을 만들고, 사람들의 보행을 어렵게 한다. 또한 눈을 피로하게 하고 정서적으로 불안하게 하기도 한다. 그러나 이러한 옥외 광고물은 상인들의 장사와 관련되어 있어서 정비가 쉽지 않다. 옥외 광고물의 정비는 주변의 상인들이 서로 협력하고 참여할 때 성공할 수 있다.

옥외 광고물 정비 전·후

아름다운 도시 얼굴 만들기

가로 경관은 대표적인 도시 경관이다. 우리가 어떤 도시를 생각할 때 제일 먼저 마음 속에 떠오르는 것은 그 도시의 가로일 것이다. 가로는 그 도시의 가치를 부여하고 판단하는 척도가 된다고 해도 과언이 아니다. 가로 경관은 도로 축을 중심으로 이루어진 연속 경관이라는 특징을 지닌다. 가로 경관을 구성하는 요소에는 도로, 보도, 가로수, 중앙 분리대, 가로 시설물, 도로 주변의 건축물 등이 있다. 아름다운 가로 경관은 구성 요소들이 조화를 이루며, 당해 가로가 지니는 특성과 상징성을 일체감 있게 보여 준다.

도시에서 물은 매우 중요한 경관 요소이다. 개발 지향주의 시대에는 하천이나 강을 개발의 장애물로 여기고 하천의 대부분을 복개하였다. 복개된 하천 위에 도로나 주차장을 만들고 주택을 짓기도 했다. 이와 같이 환경을 고려하지 않은 개발로 인하여 도시 내의 생태계가 파괴되었다.

환경에 대한 시민들의 관심이 높아짐에 따라 도시 내의 생태계를 회복하고 복개된 하천을 복원하여 경관을 형성하려는 움직임이 활발하게 전개되고 있다. 서울의 경우 복개된 하천을 복원한 청계천을 통하여 하천 경관과 주변 경관이 새롭게 형성되고 있다.

최근 인공하천을 자연형 하천으로 조성하는 사례가 많아지고 있다. 인공하천은 콘크리트로 하천 제방을 만들어 제방이 무너지는 것을 막을 수 있으나, 유속이 빨라지고 하천의 폭이 좁아져 홍수 피해를 증대시킬 수 있으며, 콘크리트 제방이 하천의 정화 기능을 방해하여 식물 생태계를 파괴하는 문제가 있다. 따라서 최근에는 자연적인 형태의 제방으로 복원하는 추세이다.

가로 경관 조성 사례 1 대한민국 서울(덕수궁 돌담길) 2 대한민국 대구 3 독일 프라이부르크 4 일본 세타가야

시민들의 소득 수준이 높아지고 여가 활동이 증가함에 따라 수변 공간을 아름답게 꾸미고 여가 공간으로 활용하는 것이 중요해지고 있다. 또한 수변은 도시 내의 자연 생태계를 보전하고 아름다운 자연 경관을 제공한다. 오늘날 많은 도시에서 아름다운 수변 경관을 조성하고자 노력하고 있다. 호주의 행정수도인 캔버라에서는 도시 중앙에 '월터 벌리 그리핀 호수'를 만들어 아름다운 수변 경관을 창출하고 있다. 최근 서울시에서도 아름다운 한강, 친환경적인 한강을 만들기 위한 '한강 르네상스 프로젝트'를 추진하고 있다.

　도시 경관을 개선하고 형성하려는 노력은 여러 곳에서 나타난다. 혼란스러운 옥외 광고물을 정비하고, 시공업체의 로고와 광고 문구가 박혀 있는 공사 가림막을 아름답게 꾸미는 것도 도시 경관을 개선하려는 노력이다. 강력한 위험을 알리며 심리적인 불안감을 주던 거대한 회색 가림막이 주민들의 참여와 협력으로 아름다운 조형물로 변하는 모습을 보면 도시 경관은 경관 계획가나 공무원들이 만들어 가는 것이 아니라 시민들이 만들어 가는 것이라는 것을 알 수 있다.

최근 들어 야간 경관의 중요성에 대한 인식이 증가하고 있다. 야간 경관은 야경(夜景)이라고도 하는데, 사전적 의미는 '밤의 경치' 또는 '밤의 정경'을 의미한다. 야간 경관이 주간 경관과 다른 점은 인공광원에 의하여 특정 대상을 집중적으로 비춘다는 점이다. 즉, 야간 경관에서는 주간 경관과는 다르게 보여 주고 싶은 것을 드러낸다. 도시에서 야간 경관을 가능케 하는 것은 가로등, 간판, 차량의 불빛, 실내·외 조명 등이다. 야간 경관은 도시의 독창적인 이미지를 부각시키고, 문화와 역사유적의 예술적 가치를 돋보이게 한다. 교량과 교각의 조명은 강과 호수 같은 자연 경관을 드러내기도 한다. 또한 야간 경관은 밤의 분위기와 볼거리를 제공하여 도시 관광을 활성화시킨다. 질서를 갖춘 야간 경관은 도시의 안전과 범죄 예방에 기여하나, 혼란스러운 야간 경관은 시민들에게 불쾌감을 주기도 한다.

도시 경관 개선 사례 1·2 캔버라 시의 월터 벌리 그리핀 호수 3 시민들의 참여로 만든 공사 가림막 4 서울시 야간 경관

특색 있는 오스트리아의 옥외 광고물

● 공공디자인

오늘날의 도시는 두 가지 큰 흐름에 맞춰 변화하고 있다. 하나는 지방화에 맞게 도시를 특성 있게 가꾸고 시민에게 양질의 서비스를 제공하는 것이고, 또다른 하나는 세계화의 추세에 따라가거나 앞서 가기 위하여 도시의 경쟁력을 높이는 것이다. 이런 요구에 부응하기 위하여 최근 도시에서 강조되고 있는 것이 공공디자인(public design)이다. 도시와 문화를 하나로 엮고 도시 정체성을 부각시켜 도시를 하나의 상품, 그것도 명품으로 만드는 것이다.

공공디자인은 국가 및 지방자치단체가 제작, 설치, 운영, 관리하고 국민과 국가 및 지방자치단체가 사용하는 공간, 시설, 용품, 정보 등의 심미적·상징적·기능적 가치를 높이기 위한 창조적 행위이다. 이러한 공공디자인은 도시의 얼굴을 바꾸고 시민의 삶의 질을 높이는 데 중요한 열쇠이자, 도시 및 국가의 이미지 제고와 경쟁력 강화를 위해 필요한 것으로 인식되고 있다.

우리 도시에서 공공디자인을 실천하는 방법은 매우 다양하다. 행정기관의 건물은 물론 시민 게시판, 교통 표지판, 버스 정류장, 휴지통, 우체통, 공중 화장실, 가로 분리대, 가로 판매대, 가로등, 전신주, 그리고 공공문서나 책자, 제복 등과 같이 공공기관이 설치하거나 사용하는 것들을 아름답고 기능적으로 우수하게 만드는 것이다.

공공디자인을 수행하는 주체는 일차적으로 공공기관이라 할 수 있다. 따라서 행정기관은 공공디자인 관련 법령이나 조례를 만들고, 공공디자인위원회와 같은 조직을 운영하며, 공공디자인 박람회와 같은 행사를 개최하기도 한다. 그러나 무엇보다 시민들의 관심과 참여가 매우 중요하다. 도시를 아름답게 만드는 것은 시민의 적극적인 참여에 달려 있다고 할 수 있다. 시민들이 다양한 아이디어와 의견을 제안하고 힘을 모을 때 공공디자인이 완성되는 것이다.

메타세쿼이야 가로수 길, '담양'

우리나라 도시들은 경관을 보전하고 형성하기 위한 다양한 법과 제도를 가지고 있다. 경관법, 경관조례, 경관협정, 경관계획, 경관 및 미관지구, 경관사업 등이 그것이다. 2007년 경관법 제정 및 시행으로 우리나라 도시들의 경관사업이 보다 활발하게 진행될 수 있게 되었다. 특히 경관법에는 경관협정이라는 제도를 두어 시민의 자발적인 참여와 협력으로 경관을 보전하고 만들어 나갈 수 있도록 하였다. 경관협정이나 다양한 경관사업을 통하여 시민과 도시정부가 협력하여 우수한 경관을 지키고 만들어 나간다면, 도시의 정체성과 경쟁력이 높아짐은 물론 시민의 삶의 질이 크게 향상될 것이다.

지방자치단체와 주민이 협력하여 경관을 지키고 가꾸는 사례가 늘어나고 있다. 전라남도 담양군의 메타세쿼이야 가로수 길도 그 예이다. 1972년에 조성된 메타세쿼이야 가로수 길은 봄, 여름, 가을, 겨울 색다른 경관을 만들어 내어 전국적으로 꽤 알려진 장소이다. 그러나 1996년 국도가 확장되면서 1500여 그루의 메타세쿼이야 중 상당수가 제거될 위기에 놓이게 되었다. 이에 따라 군청과 시민단체, 군민이 서로 합심하여 도로 노선 변경을 위한 운동을 전개하여, 제거 위기에 있던 660여 그루의 메타세쿼이야를 지켜 내었다. 이렇게 지켜 낸 가로수 길은 '아름다운 거리 숲', '한국의 아름다운 길 100선(2위)'에 선정되기도 하였다.

도시를 새롭고 아름답게 만들려는 시도가 활발하게 일어나고 있다. 최근 도시 재개발 사업에 공공디자인을 접목시켜 경관적으로 아름답고 기능적으로 우수한 공간과 건축물을 창출하려는 것도 이러한 시도 중의 하나이다. 또한 건설교통부는 도시 만들기(마을 만들기) 사업을 통하여 마을 공동체를 회복시키고 도시 경관을 증진시키려는 노력을 하고 있다. 도시 만들기 사례로 대구광역시 삼덕동의 담장 허물기와 벽화 그리기, 광주광역시 북구 문화동의 시화(詩畵)문화마을 만들기 등이 유명하다. 한편 도시와 문화·예술을 결합하여 아름다운 도시 경관을 만들어 내려고 하고 있다. 경기도 안양시는 'Anyang Art City 21 사업'을 추진하며 각종 건축물이나 시설물에 예술성을 가미하여 자연환경과 도시 미관을 조화시킴으로써 아름다운 도시, 예술의 도시, 살기 좋은 도시를 가꾸어 나가고 있다.

담양 메타세쿼이야 가로수 길의 봄, 여름, 가을, 겨울

세계의 야간 경관 사례

야간 경관이 뛰어난 도시에는 어떤 도시가 있을까? 프랑스 파리는 일찍이 1889년 만국박람회에서 많은 전구로 장식된 에펠탑과 혁신적인 조명기술을 선보여 유럽 전역에 '빛의 도시'로 알려지게 되었다. 프랑스 제2의 도시인 리용은 1989년 미셸 노이어가 '밤의 도시'라는 공약을 내걸고 시장에 당선되어 5년 간 매년 시 예산의 1.5%를 야간 경관에 투자하여 관광수입을 증대시켰고, 리용을 세계적인 야경도시로 탈바꿈시켰다.

파리가 주로 문화재나 건축물을 조명하였다면, 런던은 시민들이 일상적으로 이용하는 거리를 밝게 하는 것이 특징이다. 템스 강변을 비추려는 '라이트업 템스(Light Up Thames) 계획'에 따라 1975년에 런던탑, 국회의사당, 왕궁 등에 경관 조명을 설치하였다. 1999년 말에는 높이 135m, 바퀴 둘레 424m의 회전 대관람차 '런던의 눈(London eye)'을 설치하여 런던의 새로운 야경을 연출하고 있다.

동유럽의 헝가리 부다페스트는 도나우 강을 중심으로 교량이나 강변에 야간 조명을 설치하여 아름다운 도시 야경을 형성하고 있다. 체코의 프라하도 역사적 유적에 다양한 경관 조명을 설치하여 야간 경관을 형성하고 있으며, 프라하의 중심을 흐르는 볼타바 강의 교량이나 강변에 조명을 설치하여 아름다운 야경을 창출하고 있다.

일본의 경관 조명은 1950년대 오사카성, 동경타워에 조명을 설치한 것에서부터 시작되었다. 이후 1980년대부터 지방자치단체들이 야간 조명에 적극적인 관심을 기울였는데, 요코하마 시는 조명 계획을 도시 계획 및 경관 계획과 연계하여 추진하고 있다. 요코하마 시의 야간 경관은 시 중심부인 간나이 지구에서부터 시작되었다. 간나이 지구에는 서구 문명이 전해질 때부터 세워진 역사적인 건축물들이

1 영국 런던 템스 강
2 헝가리 부다페스트
3 대한민국 한강

많이 있는데, 요코하마 시는 이러한 역사적 건축물을 중심으로 야간 조명을 설치하여 역사가 있는 도시라는 것을 강조하고 있다. 1986년에는 야간 경관 조명계획을 수립하였고, 1989년에는 베이브리지(Bay Bridge)에 조명을 설치하여 다리의 조형미와 조명이 조화를 이루는 훌륭한 야간 경관을 연출하고 있다.

한편 서울특별시는 1996년부터 야간 경관 개선 사업을 추진하였다. 숭례문, 보신각 등의 문화재에 경관 조명을 설치하였고, 2002년 월드컵을 맞아 한강 교량 및 인근 건축물에 조명을 설치하여 서울의 야경을 개선하였다. 부천시는 2003년 루미나리에를 개최하여 도시 이미지를 향상시키는 데 커다란 성과를 거두었고, 부산광역시는 광안대교에 경관 조명을 설치한 후 시민과 관광객 들의 좋은 호응을 얻었다.

7 문화를 담은 도시

도시는 사람들의 다양한 삶이 함께 이루어지는 문화 공간이다. 사회 전반에
걸쳐 문화적 창의성을 중심으로 도시의 영역이 확장되는 추세로, 문화를 도시의
이미지로 내세우는 도시가 많아지고 있다. 도시에 담긴 문화적 주제를 살리고
도시의 모든 분야에 걸친 전반적인 노력을 더해 매력적인 도시로 가는 길을
찾아야 할 것이다.

01

문화 공간으로서의 도시

도시에는 문화가 있다. 어떤 문화를 보면 도시가 연상되기도 한다. 문화가 도시의
이미지를 만드는 것이다. 시간과 사람들의 발자취가 쌓여 도시의 문화는 형성되고
발전하고 변하기도 한다. 문화를 머금은 도시가 바로 지금 우리의 모습이다.

문화로 만들어지는 도시

도시라는 공간은 사람들이 살아가는 구체적인 삶의 현장이다. 그 속에 문
화*가 있고 역사가 있다. 한 도시의 이미지는 어느 날 갑자기 생겨나는 것
이 아니라, 오랜 시간에 걸쳐 사람들의 생활이 쌓여서 고유한 모습을 갖추
게 되고, 도시의 역사가 되는 것이다. 그런 공간을 배경으로 문학작품, 예
술작품, 그리고 영화의 한 장면이 탄생하기도 한다. 따라서 도시는 문화와
밀접한 연관이 있다고 할 수 있다.

예를 들어, 여의도는 광장과 공원을 중심으로 한 생활 공간으로, 이태원
은 다양한 지구촌 사람들이 어울려 사는 공간으로 상징될 수 있다. 이처럼
도시는 그 도시의 상징적인 특징을 만들어 낸다. 그 도시에서 살아가는 사
람들의 삶의 조건들이 유사하기 때문이다. 바로 그것이 그 도시의 문화인
것이다. 도시의 문화가 건강하고 풍요로워지는 일은 도시에서 살아가는 삶
이 건강하고 활기찰 수 있도록 만드는 일과 같다. 따라서 도시의 문화가 중
요한 것이다.

문화의 의미
우리가 일상생활에서 사용하는
문화라는 말에는 예술적이고,
편리하고, 좋다는 다양한 의미가
들어 있다. 문화도시, 문화생활,
문화인 등이 좋은 예이다. 넓은
의미로 문화를 정의한다면, '사회
구성원들이 공유하는 신념, 가치,
행동 양식 등 총체적인 삶의 방식'
이라 할 수 있다. 식생활과 관련된
관습, 인사법, 어떤 행동이 적절한
것인가를 판단하는 기준, 사람들의
기호 등 모든 것이 문화의
내용이다. 이런 의미에서 모든
사회에는 그 나름대로의 문화가
존재한다고 할 수 있다.

도시의 문화 1 여의도 2 이태원

역사를 담는 공간

유구한 역사는 도시를, 그리고 그 도시에 사는 사람들의 삶을 풍요롭게 해 준다. 도시의 역사는 도시의 모습에 배어나는데, 천 년의 신라 역사를 담고 있는 경주와 같이 도시 전체가 역사의 상징이 되기도 한다. 하지만 자랑할 만한 역사를 갖고 있지 않더라도, 세계의 모든 도시들은 나름대로 길고 짧은 역사를 갖고 있기 마련이다. 그러한 역사가 도시들을 각기 다르고 새롭게 만들어 주는 것이다. 도시에 향기를 주는 것은 바로 도시가 갖고 있는 역사이고, 그것은 공간에 표현된다고 할 수 있다.

역사 속 웅장한 자태를 보이고 있는 서울의 정동과 덕수궁, 그리고 개항의 도시 인천은 대표적인 근·현대 역사 공간이다. 덕수궁이 자리한 정동 일대는 조선 초기에 정릉(貞陵)이 있던 곳이었을 뿐만 아니라, 임진왜란 이후 파괴된 궁궐을 복구하는 동안 국왕이 머무른 곳이다. 또한 서양 외교관, 선교사, 무역상 들이 세워 놓은 공사관, 예배당, 신식 학교, 호텔, 주택이 즐비한 근대 문물의 거리이기도 하다. 한편, 강화도조약 이후 개항한 인천은 서구 근대 문물이 도입된 역사적 의미를 간직하고 있으며, 개항의 자취가 그대로 남아 있는 도시로 손꼽을 만하다.

근·현대 역사 공간 1 부산 임시수도 정부청사 2 서울 번동 창녕위궁재사 3 충남 논산시 강경 북옥감리교회 4 전남 나주시 천리천주교회

강화도조약 이후 인천 개항 모습

일상을 담는 공간

미술관이나 공연장에 가야만 문화생활을 즐길 수 있는 것은 아니다. 인사동이나 대학로에서, 날마다 오가는 산책로에서도 자연스럽게 문화를 즐길 수 있다. 또 식사를 하고 물건을 사고파는 일상의 삶 속에서도 문화를 느낄 수 있다.

일상생활에서 '거리'는 많은 부분을 차지하고 있다. 거리는 우리의 생활을 연결해 주는 통로이며 도시 사람들의 생활을 직접적으로 보여 주는 거울이다. 거리에 즐비한 건물과 간판들, 푸르른 나무와 꽃에서 사람들의 생활을 엿볼 수 있다. 친구와 가족과 함께 걷고 대화하면서 거리 문화를 체험하는 것이다.

최근 일상생활에서 문화를 즐길 수 있는 공간이 점차 늘어나고 있다. 식사를 하고 차를 마시면서 이야기를 나누는 카페와 레스토랑은 작품을 감상하고 책을 읽을 수 있는 문화 공간으로 변신하고 있고, 어느덧 우리 생활의 필수품이 되어 버린 휴대전화 매장 역시 최신형 휴대전화를 부담 없이 만져 보고 체험할 뿐 아니라, 음악, 게임, 영상 서비스까지 누릴 수 있는 또 하나의 생활 속 문화 공간으로 자리 잡고 있다. 백화점도 미술 및 사진 작품을 관람할 수 있는 갤러리와 작은 음악회 무대를 마련하는 등 일상생활과 문화의 경계가 없어지고 있는 추세이다.

여가를 담는 공간

여행을 떠나는 것처럼 일상생활에서 벗어나 휴식 시간을 보내는 것뿐 아니라 일상생활 틈틈이 남는 시간도 여가*라고 할 수 있다. 여가는 그 도시에 사는 시민들의 사회·문화적 배경에 따라 달라지는 만큼, 여가를 즐길 수 있는 공간이 중요하다.

도시에 사는 사람들이 여가시간을 보낼 수 있도록 다양한 문화·예술, 스포츠, 교육 활동을 지원하는 복합적인 문화 센터를 만들어야 한다. 동시에 체계적인 프로그램을 마련해야 한다. 또한 같은 도시 속에서 살아가는 사람들이 함께 누릴 수 있는 광장이나 공원 같은 여가 공간을 조성하는 것이 필요하다.

여가
여가(leisure)는 '자기 생활 공간으로부터의 해방과 자유'를 뜻하는 그리스어 'schole'과 '자유롭게 되다'를 의미하는 라틴어 'licele'에서 유래되었다. 즉, 여가는 자유에 바탕을 두고 있으며 어떤 의미로부터 해방되어 아무런 구속이 없는 상태를 의미한다.

청소년 문화 공간
열린 문화 공간 '주'(위)와 청소년 문화 교류 센터 '미지'(아래)

02
활력을 불어 넣는 문화

현대 도시에서 문화는 도시를 활성화시키고 경쟁력을 높이는 전략으로 활용된다. 특히 문화 산업과 도시의 세계적인 축제는 도시의 이미지를 바꾸고 도시에 활력을 불어넣어 도시의 미래를 밝게 해 준다.

문화 산업과 문화 중심 도시

문화 산업은 문화적 가치를 지닌 산업이다. 문화 콘텐츠는 상징적 의미를 창출하고 전달하는 문화적 특징을 지니고 있기 때문에, 문화를 창조하고 전달하며 향유하는 산업이라고 할 수 있다. 그러므로 문화 산업은 문화 창조라는 문화적 가치와 경제적 이윤 추구라는 시장의 논리를 조화롭게 추구하여야 한다.

문화를 단순히 도시 경쟁력을 높이는 수단으로 활용하는 것이 아니라 문화의 재미를 제공하는 것에 주안점을 두어야 한다. 따라서 상품과 서비스를 판매하는 것과는 달리 그 도시의 다양하고 특별한 문화를 체험할 수 있

도시의 문화 축제
1 난계 국악축제
2 함평 나비축제
3 담양 대나무축제
4 보령 머드축제

도록 돕고 그 속에서 재미를 느낄 수 있도록 유도해야 할 것이다.

정부와 광주시는 무한한 가치를 가진 아시아의 문화 콘텐츠를 발굴하고, 문화 시장을 개척하기 위해 아시아 문화중심도시를 조성하고 있다. 광주 아시아 문화중심도시는 아시아 문화를 밑바탕으로 세계 문화를 아우르는 글로벌 문화중심도시*를 건설하려고 한다. 광주 아시아 문화중심도시는 시민의 문화적 일상 하나하나가 상품이 되는 도시, 그래서 문화가 경제 발전의 동력이 되는 미래형 문화경제도시를 건설하는 것을 목표로 하고 있다. 또한 민주, 인권, 평화의 전통적 가치들이 창조적 상상력이 넘실대는 새로운 문화적 표현을 통해 더욱더 발전하는 아시아 평화예술도시를 추구하고 있다.

도시의 문화 축제

세계의 각 도시에는 저마다 특별한 문화 행사들이 있다. 우리는 이러한 것들을 축제*라고 일컫는다. 따라서 여러 도시의 축제를 살피고 체험함으로써 그 도시의 진정한 문화를 알 수 있다.

축제는 단순한 이벤트가 아니라 역사이고 문화이며 전통이다. 따라서 세계의 여러 도시는 독특한 축제를 만들어 관심을 기울이고 있다. 도시의 축제는 소중한 문화 자산이며 도시민의 유대를 강화시키는 기능을 한다. 또한 이러한 축제들이 관광 산업과 연계되어 발생되는 경제적 가치도 무시할수 없다. 무엇보다도 지역 공동체의 역사적·문화적 의미를 바탕으로 경제적 가치가 있는 도시의 축제로 발전시키는 것이 중요할 것이다.

문화중심도시

문화중심도시는 문화 산업과 교육, 생태, 참여형 정치가 이뤄지는 신인본도시다. 유럽의 도시들은 1960년대부터 문화·예술을 도시 발전의 중요한 요소로 고려해 왔다. 1970년대에는 문화·예술이 도시 공동체를 형성하고, 시민의 참여를 촉진하는 요소로 인식되었다. 실제로 도시의 문화 정책은 시민의 문화에 대한 접근 기회를 높이는 일을 중요하게 다루었다. 1980년대 이후에는 문화를 도시 경제 차원에서 바라보는 시각이 나타났다. 문화를 경제 전략으로 인식하고 문화 산업과 연계하고 있는 것이다. 즉, 문화를 이용하여 경제를 활성화하고 다른 도시와 차별화시키는 전략으로 활용하고 있다.

축제

축제의 기원은 그리스 신화의 디오니소스 축제로 거슬러 올라간다. 악령을 쫓아내고 풍년을 기원하는 관습이 로마 가톨릭 교회의 사순절 기간에 고기를 먹지 않는 금식에서 발달하여 축제가 시작되었다. 다시 말해서 금식을 하기 전에 마음껏 먹고 마시고 놀자는 의미에서 축제가 시작된 것이다.

● 부산국제영화제

1996년 처음 개최된 부산국제영화제는 매년 9~10월이면 부산 전역을 영화의 바다로 만든다. 부산국제영화제가 짧은 역사에도 불구하고 아시아에서 가장 영향력 있는 영화제로 발돋움하고 있는 비결은 다양한 장르와 지역의 영화를 통해 세계 영화의 흐름을 조망하고, 아시아의 새로운 작가를 발굴·지원하면서, 세계 영화계에서 한국 영화의 위상을 향상시켜 왔다는 데 있다. 또한 영화인과 관객들과의 만남을 주선하고 토론의 장을 전개함으로써 관객과 함께 호흡하는 영상문화를 형성하고 있다. 이에 부산은 국제영화제의 성공을 바탕으로 '영상문화도시' 조성을 추진하고 있다. 또한 영상문화도시 조성을 통해서 부산 영상 센터, 영화 체험 박물관, 문화 콘텐츠 콤플렉스 등의 시설을 건립할 계획에 있다.

● 부천국제만화축제

한국 만화의 중심지, 만화도시 부천에서 매년 열리는 부천국제만화축제(BICOF)도 주목할 만하다. 출판만화의 모든 것을 보여 주는 산업의 장으로 자리매김한 부천국제만화축제는 1998년 처음 개최된 이래 2001년까지는 한국 만화의 다양한 흐름과 해외 만화를 소개하는 전시와 이벤트 중심으로 열렸다. 2002년부터는 한국 만화 산업의 활성화와 국내외 만화 저작물의 비즈니스를 위한 국제코믹북페어, 출판만화 견본시를 신설하여 한국을 비롯하여 아시아와 유럽의 만화 출판사와 만화인이 참가하는 전문적인 만화축제로 자리 잡았으며 2004년부터 부천국제만화축제로 명칭을 바꿨다. 최근에 만화가 영화나 드라마의 원작으로 주목받으면서, 영화, 게임, 드라마가 된 만화를 독자들이 책, 인터넷, 모바일로 다시 보는 등 만화 산업에 대한 기대를 모으고 있다. 또한 부천국제만화축제는 만화의 문화적 가치와 산업 영역에서 만화가 차지하는 역할을 부각시키는 데 큰 기여를 하고 있다.

우리 도시 계절 축제

계절	월	축제명	내용
봄	5월	춘천마임축제 www.mimefestival.com	• 장소 | 강원도 춘천시 • 주요 행사 | 개막 난장, 마임극 공연, 전시 행사, 금요 난장, 도깨비 난장
	5월	함평나비대축제 www.inabi.or.kr	• 장소 | 전라남도 함평군 • 주요 행사 | 나비·곤충 관련 행사, 생태 체험학습 행사, 문화·예술 행사 등
	5월	하동야생차문화축제 http://festival.hadong.go.kr	• 장소 | 경상남도 하동군 화개면 • 체험 행사 | 야생 찻잎 따기, 전통차 만들기, 찻사발 만들기, • 주요 행사 | 지리산 생태나비관, 전통 찻사발 전시, 차나무 전시 및 판매, 마당극, 산사 음악회

여름	6월	무주반딧불축제
		http://firefly.or.kr
			• 장소 | 전라북도 무주군
			• 주요 행사 | 반딧불이 생태관 및 탐사 체험, 반디랜드, 반딧골 농경·체험장,
			  사랑의 다리(반디터널), 반딧불이와 함께하는 기차 여행, 반딧골 토종小동물농장,
			  반딧골 사계 사진전, 반딧골 시화전

	7월	보령머드축제
		www.mudfestival.or.kr
			• 장소 | 충청남도 보령시 대천 해수욕장
			• 주요 행사 | 머드 슬라이딩, 머드 인간 마네킹, 머드 핸드프린팅 갯벌 마라톤,
			  머드 화장품, 축제 사진 공모전, 머드축제 기차 여행, 머드왕 선발 대회,
			  한여름밤의 머드 콘서트

	8월	영동난계국악축제
		http://nangye.yd21.go.kr
			• 장소 | 충청북도 영동군
			• 주요 행사 | 난계 추모 무용, 관내 초·중·고생 국악 공연, 마당극 〈난계반연〉,
			  양산별산대놀이, 하회별신굿, 봉산탈춤, 국악과 양악의 만남, 난계국악학술대회,
			  악학 대상 시상, 전국국악경연대회, 전국시조경창대회, 국악기 제작·연주,
			  난계 의상 입어 보기

가을	9~10월	안동국제 탈춤페스티벌 www.maskdance.com	• 장소 | 경상북도 안동시 • 주요 행사 | 국내 탈춤 공연, 국외 탈춤 공연, 탈춤 따라 배우기, 신비로운 세계의 탈, 마스크댄스 경연대회, 창작 탈 퍼포먼스, 탈춤 그리기 대회
	9~10월	양양송이축제 http://song-i.yangyang.go.kr	• 장소 | 강원도 양양군 • 주요 행사 | 송이 채취 현장 체험, 송이 생태 견학, 송이 보물 찾기, 송천떡 만들기, 송이 요리 전문점, 송이 요리 페스티벌, 송이 요리 시식

	10월	김제지평선축제
		http://festival.gimje.go.kr
			• 장소 | 전라북도 김제시 부량면
			• 주요 행사 | 전통 호국무예 벽골태격 재현, 지평선 푸른음악회, 용오름 전시,
			  지평선총체보리한우전시관, 벽골제사, 벽골 제방 지키는 쌍룡 횃불 놀이,
			  벼 수확해서 꿀떡까지 5마당

겨울	1월	얼음나라화천 산천어축제
		www.narafestival.com
			• 장소 | 강원도 화천군
			• 주요 행사 | 산천어 얼음낚시, 산천어 루어낚시, 산천어 맨손 잡기, 얼음썰매,
			  눈썰매, 눈조각, 봅슬레이, 빙판 범퍼카, 창작 썰매 콘테스트, 주말 미니 콘서트,
			  빙판 깜짝 이벤트, 청정화천 얼음나라관, 신년민속촌, 산천어 등(燈)거리.

	2월	인제빙어축제
		www.injefestival.co.kr
			• 장소 | 강원도 인제군
			• 주요 행사 | 은빛나라 퍼레이드, 빙어수달 캐릭터, 빙어 낚시, 눈얼음 조각공원,
			  얼음 미끄럼틀, 전국 얼음 축구대회, 얼음썰매, 빙상 볼링, 빙상 슬라이딩,
			  열려라 빙어 세상, 빙어 주제관

03
우리 도시 마케팅

물건을 고르거나 어떤 장소를 가고자 할 때 그에 대한 정보를 바탕으로 선택을 하게
된다. 이 선택에 많은 영향을 미치는 것 중 하나가 홍보인데, 아무리 좋은 물건이나
매력적인 장소라도, 우리가 그것이 있는지 알지 못하면 선택하기 어렵기 때문이다.
도시는 투자자, 관광객, 거주자 유치를 위해 스스로를 홍보하기 시작했고, 도시는 또
하나의 브랜드가 되고 있다.

세계는 좁아지고, 선택은 넓어지고

정보통신기술과 교통의 발달로 국가 간 공간 장벽이 낮아지면서 어디를 가야 할지, 무엇을
사야 할지, 어디에 투자할지에 대한 선택의 폭이 넓어졌다. 세계가 좁아지고 선택의 폭이
넓어졌다는 것은 거주자, 투자자, 관광객의 선택이 자유로워졌다는 것이다. 거주자는 좋은
환경과 일자리가 있는 도시에 살고 싶어 하고, 투자자는 기업 환경이 좋은 곳에 자본을 투
자하고자 할 것이다. 관광객은 편안하고 볼거리가 많은 도시를 찾게 될 것인데, 세계화 시
대에 이들의 유치 경쟁이 도시 단위로 작아지고 있다.

　또 지방자치가 활발해짐에 따라 지방 정부는 그 지역의 운명을 스스로 책임지고 지역을
경영해야 하는 상황이 되었다. 도시는 거주자, 투자자, 관광객을 유치하기 위해 경쟁력을
확보하고 매력적인 존재가 되고자 한다. 도시가 마케팅을 시작한 것이다.

　도시 마케팅은 도시의 여러 기능이 건강하게 작동할 수 있도록 도시의 새로운 이미지를
선보이는 것이다. 도시의 경제 활동, 문화 활동, 사회 활동이 잘 작동하기 위해서는 무엇보
다 사람과 산업을 유인해야 하는데, 도시 활동의 대부분은 직접 체험하기 전에 정확한 정보
를 얻기 어렵다. 때문에 도시의 여러 장점들을 강하게 드러낼 필요가 있고, 그래서 마케팅
이 필요한 것이다. 도시의 이미지를 긍정적으로 알리기 위한 방법 중 하나가 도시 브랜드

로, 도시 브랜드는 그 도시만이 가지고 있는 자연환경, 역사적 특징, 문화적 매력 등을 다른 도시와 확연히 구별하기 위한 또다른 이름이다.

도시 개성의 표현

기업이나 제품의 브랜드*를 살펴보면, 어떤 브랜드는 글자로, 어떤 브랜드는 그림으로, 또 어떤 브랜드는 캐릭터로 표현하고 있다. 우리 도시들의 브랜드는 어떻게 표현되고 있을까?

도시가 강하게 전달하고 싶은 정보를 쉽고 효과적으로 전달하기 위해 대표적으로 사용하고 있는 것이 슬로건, 로고·심벌, 캐릭터라 할 수 있다. 이러한 브랜드들은 도시의 지리적 위치나 산업, 미래상을 나타냄으로써 도시의 이미지를 개선·강화하고자 한다.

우리 도시들에서 많이 사용하고 있는 특별한 유형의 브랜드 상징으로는 캐릭터가 있는데, 이는 대부분 도시의 역사나 문화유산, 특산품, 자랑거리 등을 활용한 캐릭터로 친근한 이미지를 만들어 내고 있다.

도시 브랜드의 활용

알고 보면 도시 브랜드는 이미 우리 생활 곳곳에 사용되고 있다. 버스 표지판에, 종이컵에, 각종 축제 홍보물에, 심지어는 우리 지역의 특산물이나 주요 상품에도 사용되고 있다. 이렇게 우리의 실생활뿐 아니라 지역 특산물이나 지역 상품에 도시 브랜드를 부착함으로써 외부인들은 그 도시에 대한 믿음과 신뢰를 갖고 상품이나 관광지를 선택할 수 있다. 또 도시는 브랜드 가치를 높여 소비자의 선택을 받기 위해 양질의 지역 상품과 좋은 이미지를 만들려 할 것이다. 이러한 노력으로 지역 상품이 판매됨으로써 도시는 경쟁력을 갖춰 가며 풍요로워질 것이고, 지역민들은 우리 도시에 대한 정체성과 자부심을 갖게 될 것이다.

실제 도시의 브랜드를 판매함으로써 도시 이미지와 수익을 높이는 도시가 있다. 전라남도 장성군은 '홍길동' 캐릭터를 개발하고 이를 활용한 지역 특산물을 판매함으로써 약 150억 원의 수익을 내는 성과를 거두었다. 또

브랜드
노르웨이의 옛말인 'brandr'에서 유래되었다. 이는 '달구어 지진다' 라는 뜻으로 이웃 목장의 가축과 내 가축을 구별하기 위해 가축의 등이나 엉덩이를 불에 달군 인두로 지져 표시했던 데서 나온 말이다.

서울시는 서울 소재 우수 중소기업에 '하이서울' 브랜드 사업을 추진, 국내외 홍보에 서울 브랜드를 사용함으로써 기업 및 상품 경쟁력을 강화할 수 있도록 지원하고 있다. 중소기업은 서울의 브랜드파워를 빌려 제품 인지도를 높임으로써 지역 기업의 경쟁력과 실적을 높일 수 있다.

● 우리 도시 브랜드의 의미

Fly 인천

인천시는 항구 도시, 공업 도시라는 기존의 이미지를 개선하고자 슬로건과 로고를 개발하였다. 'Fly Incheon'의 로고는 역동적인 물결의 형태와 인천의 시조인 두루미의 날갯짓을 모티프로 FLY를 하트의 형상으로 표현하고 있다.

F | Future 하늘, 바다를 상징하는 색으로 첨단 미래와 신뢰를 의미

L | Leap 땅을 상징하는 색으로 안정 속에서의 도약을 의미

Y | Young 사람과 젊음을 상징하는 색상으로 정열과 에너지를 의미

● 기타 우리 도시 브랜드

서울특별시	경상북도	대구광역시	충청남도
광주광역시	전라북도	인천광역시	충청북도
울산광역시	부산광역시	대전광역시	전라남도
경기도	강원도	경상남도	제주도

● 브랜드의 효과

2006년 영국의 브랜드 가치 평가 기관 '브랜드 파이낸스'는 코카콜라의 브랜드 가치가 무려 431억 4000만 달러에 달한다고 발표했다. 우리나라 기업 중에서는 삼성이 세계 32위에 올랐으며 브랜드 가치는 약 165억 3000만 달러이다. 이는 웬만한 기업의 1년 매출보다 높은 것으로, 브랜드가 얼마나 큰 경제적 가치를 지닐 수 있는지를 보여 준다.

또한 산업정책연구원의 2009년 국가 브랜드 가치 평가 결과에 따르면 한국의 브랜드 가치는 전체 40개국 중 약 1조 1000억 달러의 가치를 보이며 10위를 차지했다. 2005년 한국의 브랜드 가치는 세계 13위였으나, 독일 월드컵에서의 적극적 후원, 반기문 유엔 사무총장 당선 등으로 브랜드 파워가 높아져 2006년 10위, 2007년 10위, 2008년 10위에 이어 2009년에도 동일한 결과를 보인 것이다.

이렇듯 국가나 기업의 브랜드 가치가 높아지면 해외에서 사업을 하는 국민들에게도 긍정적 영향을 미친다. 실제로 삼성, LG, 현대 등의 브랜드 파워로 우리나라의 많은 중소기업이 해외에서 비즈니스를 하기 편해졌다는 평가가 있다.

최근 도시 경쟁 시대가 되면서 '도시 브랜드'가 도시의 경쟁력이 되고 있다. 아랍에미리트의 두바이처럼 잘 만들어진 도시 브랜드 하나가 국가 전체의 브랜드 가치를 넘어서기도 한다. 그래서 세계의 여러 도시들은 브랜드 가치를 높이기 위한 노력을 기울이고 있다. 도시의 브랜드 가치가 올라가면 도시 내 기업의 매출과 수익 증가에 기여하고, 외부 투자 유치를 가능하게 하고, 관광객들을 끌어들여 도시민들에게 상당한 이익을 가져다 줄 것이다. 도시의 브랜드 가치를 평가할 날도 멀지 않았다.

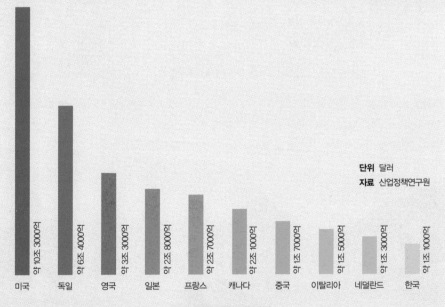

단위 달러
자료 산업정책연구원

미국	독일	영국	일본	프랑스	캐나다	중국	이탈리아	네덜란드	한국
약 10조 3000억	약 6조 4000억	약 3조 3000억	약 2조 8000억	약 2조 7000억	약 2조 1000억	약 1조 7000억	약 1조 5000억	약 1조 3000억	약 1조 1000억

2009년 국가 브랜드 가치 평가

역사문화도시 '경주', 전통문화도시 '전주'

경주는 신라 천 년의 문화유산이 산재한 도시의 위상을 정립하기 위해 '역사문화도시' 조성을 추진하고 있다. 경주는 신라가 수도로 정한 후 1000년을 유지한 역사성을 가지고 있으며, 총 155기의 고분이 도시 한가운데에 존재하는 문화적 흔적이 서려 있는 도시이다. 문화체육관광부, 문화재청, 경상북도, 경주시가 공동으로 추진하고 있는 경주 역사문화도시 조성 사업은 신라의 문화를 직접 느끼고 체험하며, 아울러 중국과 일본의 역사 왜곡 시도 속에서 잊혀져 가는 고구려와 백제의 역사에도 생기를 불어 넣을 수 있다는 점에서 기대가 크다.

우리의 전통적인 생활 문화가 깊숙이 뿌리 내리고 있는 도시 중의 하나인 전라북도 **전주**는 우리나라를 대표하는 음식인 전주비빔밥과 콩나물국밥의 본고장이며, 전통 한지와 소리의 도시이기도 하다. 전주시는 '가장 한국적인 도시 전주'라는 비전을 가지고 차별화된 문화자원과 전통과 현대, 개발과 보전이 조화를 이루는 전통문화도시로 만들어 가고 있다.

에스파냐, 발렌시아 브뇰

에스파냐의 발렌시아 지방에 있는 브뇰이라는 작은 도시가 1년에 한 번 세계의 이목을 집중시킨다. 바로 토마토축제 때문이다. 토마토축제는 1944년 토마토 값 폭락에 분노한 농부들이 시의원들에게 분풀이로 토마토를 던진 것에서 유래되었다. 토마토축제가 일어나기 며칠 전부터 브뇰의 주민들은 바쁜 일과를 보낸다. 가장 중요한 일은 마을의 건물과 창문을 비닐과 천으로 감싸는 것이다. 토마토 전쟁이 벌어지면 사람이고 건물이고 간에 온 마을이 토마토 범벅이 되기 때문이다. 그래서인지 토마토축제는 어느 축제보다도 서민적이고 향토적인 냄새가 물씬 풍기고 참여 열기 또한 뜨겁다. 유럽뿐만 아니라 세계의 수많은 젊은이가 이 축제에 참여하기 위해서 브뇰을 방문한다.

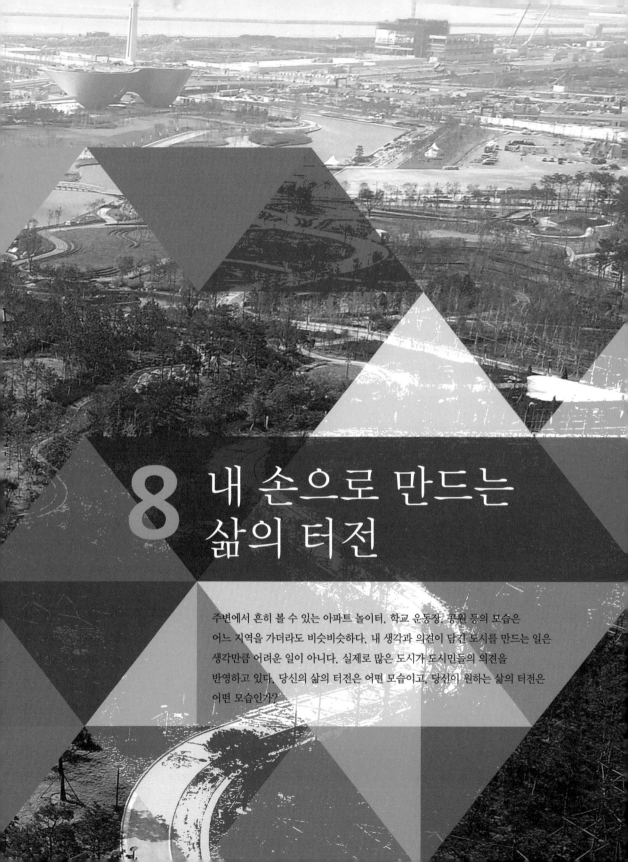

8 내 손으로 만드는 삶의 터전

주변에서 흔히 볼 수 있는 아파트 놀이터, 학교 운동장, 공원 등의 모습은
어느 지역을 가더라도 비슷비슷하다. 내 생각과 의견이 담긴 도시를 만드는 일은
생각만큼 어려운 일이 아니다. 실제로 많은 도시가 도시민들의 의견을
반영하고 있다. 당신의 삶의 터전은 어떤 모습이고, 당신이 원하는 삶의 터전은
어떤 모습인가?

01

삶의 터전을 만드는 도시 개발

도시는 성장과 발전을 거듭하고 있으며, 우리는 도시 성장에 필요한 원동력과 삶에
필요한 생활환경을 도시 개발을 통해 만들어 나가고 있다. 지난 반세기 동안 도시 개발을
통해 우리 삶의 터전은 어떻게 변모하여 왔을까?

도시 개발과 신도시의 탄생

도시 개발이란 새로운 도시를 만들거나 기존의 도시를 정비하거나 확장하는 것을 말한다.
도시의 눈부신 경제 성장으로 많은 사람들이 도시로 모여들었고, 그 결과 도시에는 생활 공
간과 공공시설이 부족해졌다. 이에 따라 주택을 공급하기 위한 토지를 조성하고 낙후된 지

역을 재정비하고 도시 인프라를 확충하는 등의 도시 개발 사업을 진행하고 있다.

대도시일수록 도시의 외형적 성장은 둔화된다. 반면 그 주변 지역의 도시가 급성장을 하거나, 근교에 새로운 도시가 만들어지게 된다. 대도시 근교의 도시를 '위성도시'라 부르며, 위성도시의 시작은 산업혁명이 발생한 영국에서 찾을 수 있다.

19세기 말 영국은 산업혁명을 통해 눈부신 발전을 이루었지만 여러 가지 도시 문제로 고통을 받고 있었다. 이러한 문제를 극복하기 위해 영국의 도시계획가 에버니저 하워드가 1898년 도시 생활의 편리함과 전원 생활의 건강함을 동시에 누릴 수 있는 '전원도시'의 필요성을 주장하였다. 영국은 하워드의 전원도시 계획안*에 따라 1903년 런던에서 북쪽으로 56㎞ 떨어진 레치워스에 최초의 전원도시를 건설하였고, 그 후 9개의 전원도시를 더 건설하였다.

하워드가 제시한 전원도시의 개념은 오늘날 신도시 개념의 기초가 되며, 20세기 초에는 위성도시와 전원도시가 동의어로 사용되었다.

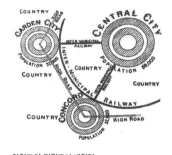

하워드의 전원도시 계획안
대도시를 중심으로 소규모 도시를 방사형으로 계획하여 어디에서나 중심도시로 쉽게 접근할 수 있도록 하였다. 또한 도시와 도시를 철도와 고속도로로 연결하여 도시 간 이동성을 증진시켰다.

우리나라의 신도시

1960~1970년대 경제성장이 시급했던 우리나라는 제조업을 기반으로 한 산업도시를 건설하기 시작하였다. 산업도시는 생산과 더불어 물류 수송이 용이하도록 울산, 포항, 창원, 구미, 여천, 안산 등을 중심으로 조성하였으며, 이 시기에는 과학기술의 발전을 위해 대덕연구단지를 조성하기도 하였다. 또한 서울과 인접한 과천에는 서울의 부족한 주택을 공급하기 위한 신도시 개발계획을 착수하였다.

1980~1990년대 수도권을 중심으로 한 산업과 경제의 급속한 성장으로 수도권에 인구가 집중되었다. 이에 따라 부족해진 주택을 공급하고 낙후된 생활환경을 정비하기 위한 도시 개발이 활발히 전개되었다. 서울 목동과 강남 일대에 새로운 주거 단지를 조성하였으며, 근교 지역인 분당, 일산, 산본, 중동, 평촌 등에 대규모 신도시를 조성하였다. 그러나 이들 신도시는 주거 공간에 비해 업무 공간이 부족하여, 많은 사람들이 일은 서울에서 하고 잠만 신도시에서 자는 베드타운이 되어 버렸다.

2000년대에도 동탄, 판교, 양주, 광교, 평택, 송파, 파주, 김포, 검단 등에 신도시를 개발하고 있으며, 각 지방에도 행정중심복합도시, 혁신도시, 기업도시 등 지역 특화 산업을 바탕으로 한 자족도시*를 추진하고 있다. 이

자족도시
주거와 생산 기능이 균형을 이룬 도시를 말한다. 자족도시 내에는 많은 생산 활동이 이루어지고 있기 때문에 많은 사람들이 도시 내에서 일자리를 얻고, 도시 외 통근보다는 도시 내 통근량이 많아 베드타운에 비해 교통체증과 환경 문제가 덜하다는 장점이 있다.

유비쿼터스 도시
유비쿼터스는 '시간과 장소에 상관없이 자유롭게 네트워크에 접속할 수 있는 정보통신 환경'을 의미하는 것으로, 유비쿼터스 도시는 첨단정보통신기술을 도시공간에 융합해 도시 기능을 혁신적으로 제고시킨 미래형 첨단도시를 뜻한다.

울산

분당 신도시

들 신도시는 첨단 정보통신기술을 바탕으로 도시민의 삶의 질과 도시 경쟁력을 높이는 유비쿼터스 도시(U-city)*를 지향하고 있다.

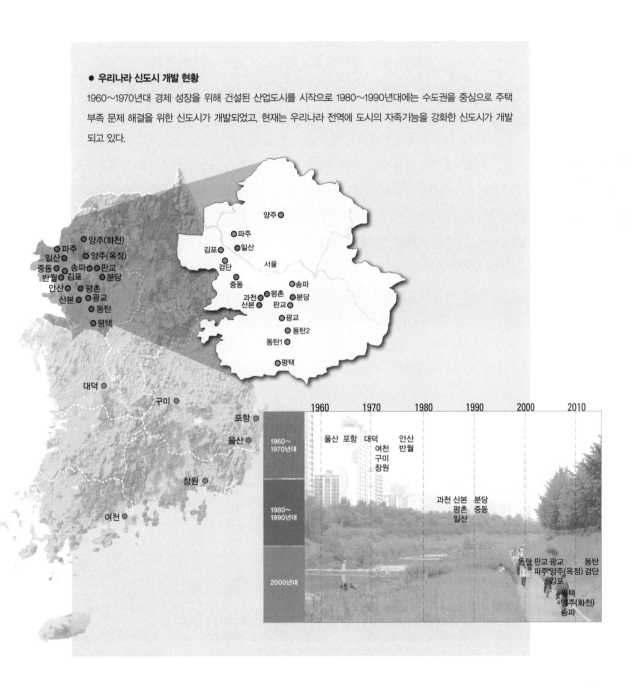

● **우리나라 신도시 개발 현황**

1960~1970년대 경제 성장을 위해 건설된 산업도시를 시작으로 1980~1990년대에는 수도권을 중심으로 주택 부족 문제 해결을 위한 신도시가 개발되었고, 현재는 우리나라 전역에 도시의 자족기능을 강화한 신도시가 개발되고 있다.

낡은 도시 다시 만들기

노후한 건축물로 인한 생활환경의 저하는 오늘날 도시 문제로 자리 잡고 있다. 또한 열악한 생활환경을 방치하면 사회적 낙후자나 반사회적 행위자 들이 군락을 이루는 슬럼화로 이어질 수 있어 또다른 사회 문제를 야기하는 원인이 되기도 한다.

도시 내 쾌적한 생활환경을 유지하고, 한정된 토지자원을 효율적으로 활용할 수 있는 도시 재개발과 재건축은 기존의 낡은 도시 공간을 새롭게 조성하여, 도시에 새로운 활력을 불어넣는 역할을 하고 있다.

도시 재개발은 도시생활에 필요한 기초 시설을 충분히 갖추지 못한 지역을 대상으로 편리하고 쾌적한 공간을 새롭게 조성하는 것을 말한다. 대부분 도로가 협소하고 오래된 주택이 밀집한 지역을 대상으로 부족한 기반 시설의 공급과 주거환경의 개선을 목적으로 하고 있다. 재건축은 도시생활에 필요한 기초 시설은 충분히 갖추고 있으나, 건축물의 노후화로 생활환경이 저하된 지역을 정비하는 것을 말한다. 재건축은 대부분 오래된 낡은 아파트를 중심으로 이루어지고 있다.

도시 재개발은 한정된 토지자원을 재활용할 수 있다는 점에서 긍정적인 측면을 가지고 있다. 그러나 도시 재개발을 통해 지역의 가치가 상승하면서 주민의 재입주 비용도 동반 상승하기 때문에 재입주 능력이 없는 주민들이 삶의 터전을 잃게 되고 지역 공동체가 붕괴될 수 있다는 단점을 안고 있다.

도시 재개발 예정 지역과 재건축 예정 아파트

주민 역할의 중요성

도시 개발을 통해 삶의 터전을 만들어 낼 수는 있지만, 도시의 생활과 문화까지 담아 내는 것은 어려운 일이다. 도시에 생활과 문화를 담아 성장, 발전시키는 것은 도시의 주인인 주민들이 해야 할 몫이다.

좋은 집에 사는 것이 행복을 보장해 주는 것이 아니듯, 도시의 외형이 근사하다고 해서 행복한 삶을 전해 준다고 할 수는 없다. 가정을 행복하게 만드는 것이 가족 구성원 전체의 몫인 것처럼, 도시를 아름답고 살기 좋은 곳으로 만드는 것은 바로 주민들의 몫인 것이다.

행복한 가정을 만들기 위한 노력을 마을과 도시로 확대해 간다면 살기 좋은 도시를 만드는 것은 그리 어려운 일이 아닐 것이다. 모두가 행복한 도시를 만들기 위해 주민들의 참여와 역할이 날로 중요해지고 있다.

02

우리 마을, 우리 손으로

마을 만들기는 하나된 주민 공동체를 통하여 마을을 살기 좋은 곳으로 만들어 나가는 과정이다. 마을 만들기는 마을의 물리적 환경을 개선하는 것뿐만 아니라 잃어버렸던 이웃 간의 유대 의식을 회복하고, 더불어 잘 사는 공동체 사회를 만들어 가는 것을 목적으로 하고 있다.

주민의 마을 만들기

이웃과 이웃 사이의 담장이 허물어지고, 마을의 공터는 주민이 쉴 수 있는 공원으로 변하고 있다. 또한 도시의 하천은 산책로로 바뀌고 있으며, 도심에는 직접 체험하며 즐길 수 있는 문화의 거리가 늘어나고 있다. 이 모두가 우리 도시와 마을에서 일어나고 있는 변화들이며, 주민의 참여로 이루어지고 있는 것들이다.

　과거 우리 도시는 물질 만능주의와 도시 획일화에 따른 폐해를 겪으며, 이웃 간의 공동체 의식을 점차 상실해 왔다. 하지만 오늘날 주민 공동체 의식을 회복하여 더불어 살기 좋은

마을 만들기 주민 공청회

마을을 만들기 위한 움직임이 전개되고 있다. 주민들은 마을 만들기를 통해 쾌적하고 살기 좋은 마을을 만들 뿐 아니라 공동체 의식도 더욱 돈독하게 다지고 있다. 오늘날 우리 도시는 마을 공동체를 중심으로 정겨움이 넘치는 생활 터전으로 점차 변모하고 있다.

마을 만들기는 '주민 스스로 살고 싶은 마을로 만들어 가는 과정'이다. 그 속에서 주민들은 공동체 의식과 애향심을 다지고, 마을을 살기 좋은 곳으로 변화시켜 나간다.

마을 만들기는 마을 환경을 개선하기 위한 '삶터 가꾸기'와 주민들의 공동체 의식과 애향심을 다지기 위한 '공동체 만들기', 마을을 발전시킬 인재를 양성하기 위한 '사람 만들기'로 나눌 수 있다. 마을 만들기가 지속적으로 전개되기 위해서는 이 세 가지가 균형을 이루어야 한다. 공동체 없는 삶터 가꾸기는 일회성 행사로 그치는 경우가 많으며, 애향심이 없는 공동체는 쉽게 무너질 수 있기 때문이다. 또한 마을을 이끌어 나갈 인재가 없어 삶터 가꾸기가 제대로 이루어지지 않는다면, 주민들에게 애향심을 기대하는 것도 힘들어진다. 마을 만들기는 삶터 가꾸기와 공동체 만들기, 사람 만들기가 서로 어우러질 때 그 결실을 맺을 수 있는 것이다.

마을 만들기의 참여자

마을 만들기의 주체는 주민이다. 주민은 마을에 대한 관심과 애정을 바탕으로 마을의 개선 사항을 점검하고, 주민 공동체를 통해 마을의 문제를 공유하며 해결책을 논의하고, 마을의

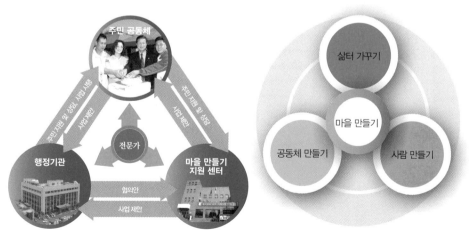

마을 만들기 참여자의 역할   마을 만들기의 구성

미래상을 결정한다.

때로는 전문가의 도움이 필요할 때도 있다. 주민들이 공원을 만들고 싶다면 조경 전문가의 도움이 필요할 것이며, 안전하고 쾌적한 보행로를 만들기 위해서는 도로 분야 전문가의 도움이 필요할 것이다. 전문가는 주민들이 해결하기 어려운 전문적인 일에 조언을 해 주거나 대안을 찾아 주는 역할을 하고 있다.

시청 및 구청 등 행정기관에서는 주민들의 제안이 실현될 수 있도록 다양한 행정 서비스를 제공한다. 주민들이 제시한 계획안이 다른 지역과 균형을 이루고 있는지를 검토하며, 필요한 경우에는 도시계획 전문가의 도움을 받기도 한다. 반대로 행정기관에서 마을 주민을 대상으로 마을 만들기 사업을 제안하는 경우도 있다. 서울시에서 진행하고 있는 주택 담장을 허물어 주차장으로 만드는 사업은 대표적인 사례라고 할 수 있다.

각종 시민단체와 마을 만들기 지원 센터는 주민과 행정을 지원하는 역할을 수행하고 있다. 주민 교육 활동이나 마을 및 도시 탐사 활동을 비롯하여 외부 전문가를 초청하여 교양 강좌를 개최하거나, 마을 만들기를 위한 다양한 연구를 하고 있다. 아울러 주민들이 마을에 지속적으로 관심을 가질 수 있도록 소식지를 발간하는 등 다양한 활동을 진행하고 있다.

● **도시와 마을 만들기의 배움터**

도시연대 www.dosi.or.kr	• 도시 문화와 역사 보존 및 창조 활동 • 주민 참여 마을 가꾸기 추진 및 사례 연구 • 인사동 아카데미 등 각종 강좌를 통한 교양 활동
열린사회 시민연합 www.openc.or.kr	• 공동체 시민교육 활동 • 더불어 사는 공동체 실현을 위한 자원봉사 활동 • 주민 자치 모임을 통한 마을 만들기 사업 등
도시포털 www.city.go.kr	• 도시와 관련된 다양한 정보 소개 • 살고 싶은 도시 만들기, 도시의 날 등 • 시범도시 사업, 시범마을 사업 정보 소개
경제정의실천시민연합 도시계획센터 www.ccej.or.kr	• 도시계획 전문가와 도시 연구자 양성을 위한 교육 활동 • 그린벨트, 주택 문제, 노숙자, 홍수 대책 등 우리 사회에서 일어나고 있는 다양한 도시 문제를 해결하기 위한 시민운동 전개

● 마을 만들기 사례

마을에 대한 토론, 우리 마을은?

마을의 또다른 자랑거리를 만들어 보고 싶었던 민주와 친구들은 방과 후 우리 마을을 어떻게 가꾸어 갈지 함께 토론하기로 하였다. 인터넷을 통해 찾아본 살기 좋은 마을의 모습을 함께 보며 우리 마을을 어떻게 만들었으면 좋을지 토론을 시작했다. 하지만 무엇을 어디서부터 어떻게 해야 할지 좀처럼 떠오르지 않은 아이들은 마을을 위해 가장 시급히 해결해야 할 것이 무엇인지 알아보기 위해 마을 탐험을 하기로 결정하였다.

함께 떠나는 마을 탐험

마을의 구석구석을 사진에 담고, 친구들과 이야기를 나누며 마을의 문제점을 메모지에 적어 놓았다. 마을 탐험을 마치고 돌아온 민주와 친구들은 학교 앞의 등·하교 길이 좁고 차도와 가까워 친구들이 다칠 위험이 있기 때문에 시급히 개선해야 한다는 데 의견을 같이 했다.

어려운 점은 전문가에게

민주와 친구들은 안전한 통학로를 만들기 위해 다른 마을에 만들어진 안전한 통학로 사례를 인터넷으로 찾아 가며 많은 자료를 수집했다. 인터넷을 통해 많은 도움을 얻을 수 있는 여러 시민단체를 찾을 수 있었고, 그 곳에 이메일을 보내 가까운 곳은 직접 찾아가 그곳에 계신 선생님들로부터 많은 정보와 조언을 얻을 수 있었다.

행정, 무엇을 도와드릴까요?

민주와 친구들은 한 시민단체 선생님의 조언대로 시청과 구청 홈페이지에 의견을 접수하고, 시장님에게 안전한 통학로를 만들어 달라는 내용의 이메일을 보냈다. 며칠 뒤, 민주와 친구들은 시장님의 격려 이메일과 함께 시청 공무원 선생님의 답변을 받았다. '지금 당장 공사를 진행하는 것은 어렵지만 학생들의 안전을 위해 가급적 빨리 공사를 시작하겠다'는 약속이었다.

마을 만들기는 미래를 향한 꿈과 꾸준한 노력

마을 만들기는 미래 지향적이며, 꾸준한 노력과 관심이 필요한 공동체 운동이다. 삶의 터전을 살기 좋은 곳으로 만들고, 세대가 공유할 수 있는 공간을 만드는 것이다. 더불어 공동체를 유지하고 발전시키는 과정이다.

어린이들이 작성한 우리 동네 탐험 그림

행정기관에서 도움 얻기

주민이 함께 만들어 가는 도시, '광주시 북구'

광주시 북구 주민들은 2000년부터 적극적 참여와 지지를 바탕으로 마을 만들기 운동을 전개해 오고 있다. 주민 스스로 마을의 주인으로 거듭나고, 주민 간에 마음과 마음을 이어 더불어 살아가는 지역 공동체를 만들기 위해 여러 가지 활동을 펼치고 있다. 그 대표적인 예가 오치 1동의 담장 허물기 사업이다.

오치 1동 주민 자치 위원회에서는 마을 환경을 개선하기 위해 '마을에서 가장 개선해야 할 곳'에 대한 설문조사를 실시하였다. 그 결과 평소 쓰레기 투기로 몸살을 앓아 왔던 상설시장 아파트의 담장이 개선 대상 1위로 선정되어 상설시장 아파트의 담장을 허무는 것을 시작으로 마을 만들기를 전개하였다.

시행 초기에는 주민들 간에 많은 의견 차이가 있었으나, '살고 싶은 푸른북구21협의회'에서 10여 차례에 걸쳐 주민들에게 인근 주민과 화합할 수 있는 공간을 조성하고 살기 좋은 마을을 만들기 위한 취지를 설명한 끝에 참여를 이끌어 냈다. 이러한 노력과 주민들의 이해로 오치 1동의 담장 허물기 사업은 그 빛을 보게 된 것이다.

이외에도 광주시 북구 주민들은 쌈지공원 만들기, 꽃길과 가로공원 꾸미기, 전통문화와 유적지 복원 사업 등 여러 분야로 마을 만들기 활동을 실천해 나가고 있다.

1 도로변 화단 가꾸기   2 광주시 보건소 담장 철거   3 꽃길 조성 사업   4 광주시 양림동 일대 개화기 근대 유적

일본, 세타가야

한눈에 보아도 자연과 친근한 도시, 안심하고 걸을 수 있는 거리, 마을 전체가 공원과 같은 이곳은 '공원의 천국'이라고 불리는 일본의 세타가야이다.

1970년대 급속한 경제 성장에 따른 환경오염으로 극심한 몸살을 앓던 세타가야가 이러한 별명을 얻게 된 데에는 주민들이 힘이 컸다. 주민들 스스로가 안전하고 쾌적한 주거환경을 만들기 위해 무분별한 개발을 반대하고 마을 만들기 사업을 시작하면서 서서히 녹색 마을로 탈바꿈하기 시작한 것이다. 구청도 많은 힘을 보탰다. 구청에서는 '마을 만들기 지원 센터'를 설치해 어린이 눈높이 환경 만들기, 복지 마을 만들기 등의 활동을 지원했고, 이러한 지원 사업을 통하여 평소 하수가 흘러 악취가 심하던 기타자와(北澤) 천도 복원할 수 있게 되었다. 기타자와 천은 세타가야에서 약 170㎞나 떨어진 하수 처리장에서 정수된 물을 끌어와 가재와 송사리가 노니는 깨끗한 자연 하천으로 변모했다.

주민이 중심인 도시, 주민이 만들어 가는 도시, 세타가야는 주민들의 자발적인 노력으로 계속해서 살기 좋은 마을로 변모하고 있다.

주민의 노력으로 다시 태어난 기타가와 천(좌측 상단)과 세타가야의 골목 풍경

Epilogue

미래의
도시

도시는 마치 살아 있는 생명체와 같아서 끊임없이 움직이고 스스로 변화한다. 이렇게 변화하는 모습에서 우리는 도시의 미래를 엿볼 수 있다. 최근에 도시에서 나타나고 있는 변화의 움직임과 영화에서 묘사된 미래 도시의 모습을 살펴보면 미래 도시의 모습을 상상해 볼 수 있을 것이다.

01 도시 변화의 움직임

도시와 자연이 하나가 되는 생태도시

생태도시란 1992년 브라질 리우데자네이루에서 지구 환경보전 문제를 협의하기 위해 개최된 유엔환경개발회의 이후, 전 세계적으로 개발과 환경 보전을 조화시키기 위해 '환경적으로 건전하고 지속 가능한 개발'이라는 전제 아래, 도시 지역의 환경 문제를 해결하고 환경 보전과 개발을 조화시키기 위한 방안의 하나로서 도시 개발, 도시계획, 환경계획 분야에서 새로이 대두된 개념이다.

생태도시는 한 마디로 인간이 내몰았던 자연을 다시 우리의 터전으로 복원시키기 위한 노력으로, 기존 도시가 '자연과 멀어지게 계획된 공간'이라고 한다면 생태도시란 '자연과 가까워지게 계획된 공간'으로 정의할 수 있다. 에너지를 절약하고 재생하여 지속 가능한 에너지 체계를 구축하고, 녹색교통과 대중교통 중심의 교통체계를 수립하여 교통 수요를 최소화하며, 생태 통로와 소생물권 조성 등 도시 내 다양한 자연생태를 만드는 것이 생태도시로 가는 길이다. 환경오염이 없고 이용 지속 가능한 에너지의 개발, 오염과 체증이 없는 교통 시스템, 인간 외 그 밖의 동·식물이 자유롭게 공존하는 생태환경 조성이 바로 핵심 요소라 하겠다.

시간과 공간이 자유로운 유비쿼터스 도시

유비쿼터스 도시는 물리적인 도시 안에서 언제 어디서든 수많은 공간과 사물, 그리고 사람들 간에 정보 교환을 할 수 있는 정보통신기술 기반의 지능화된 도시로 정의할 수 있다.

홈 네트워크, 지능형 빌딩 시스템, 지리 정보 시스템, 지능형 교통 시스템, 광대역 통신망 등 첨단 정보통신 기반 기술과 사회학 개념이 조화를 이루어 유비쿼터스 도시를 형성하게 되는데, 유비쿼터스 도시의 목적은 모든 환경을 전산화시키거나 자동화시키는 것이 아니라, 편리하고 인간 친화적인 인터페이스를 제공하여 사람들이 만족할 수 있는 공간을 만드는 것이다.

정보통신기술을 기반으로 진입하게 될 유비쿼터스 사회는 사회·문화, 제도, 서비스, 인프라 등 시민생활 전반의 변화를 수반하게 될 것이다. 많은 전문가들은 유비쿼터스 기술이 사회 구조를 변화시키고 일상적인 시민생활 영역에서 유비쿼터스 기반의 디지털 문화 양식이 아날로그 문화를 대체하여 궁극적으로 생산성 높은 사회, 삶의 질 향상, 창의성의 극대화, 깨끗하고 투명한 사회의 구현 등에도 큰 기여를 할 것이라고 예측하고 있다.

토지를 적게 쓰는 압축도시

도시에 지나치게 많은 인구가 밀집되어 도시생활이 복잡하고 불편해지면서 '압축도시(compact city)'가 대안으로 등장했다.

압축도시란 공간의 효율을 높여 시민들의 생활 공간을 집약하고 개발 면적을 최소화한 도시 개발 방식이다. 중심 개발 지역에 주택과 상가, 업무 지원 시설을 갖춘 타워형 고층 빌딩을 배치하고 나머지 넓게 남은 공간은 생태 공간, 여유 공간, 삼림 공간, 공원 등 열린 공간으로 활용하는 것이다.

미국 대도시나 홍콩 도심부가 대표적인 예로, 개발 면적을 최소화시키고, 교통량을 줄이는 효과가 있어 지속 가능한 개발과 함께 부각되고 있는 개념이다. 흩어져 있는 자원의 이동을 감소시키고 자원을 절약하고 오염 발생을 줄일 수 있어 도시 인구에 비해 토지가 좁은 우리나라에서도 도시 공간의 효율을 높이기 위한 압축형 도시 개발은 계속해서 논의될 것이다.

O2 상상 속의 미래 도시

건축물 하나가 거대한 도시

미래에는 수백 층의 건축물이 하나의 도시가 될 수 있다. 현재 세계는 어느 나라가 더 높은 건축물을 짓는가를 경쟁하고 있지만 미래에는 건축 기술이 빠르게 발달하면서 건축물 자체가 도시로 나타난다는 이야기이다. 건물은 컴퓨터에 의해 통제되고 자동적으로 조절되며, 건물 내에 발전소, 태양열, 집열기, 농장, 공장 등의 시설이 모여 있어 주민들이 땅으로 내려오는 경우가 매우 드물게 될지도 모른다. 어쩌면 미래의 사람들은 태어나서 한 번도 지상으로 내려오지 않게 될지도 모른다.

지하도시

지하에 도시가 건설될 수도 있다. 도시는 에너지 고갈, 지구 온난화, 도시의 과도한 집중으로 포화 상태에 이르렀고, 이를 해결하기 위한 대안으로 제시된 것이 지하도시이다. 현재 일본, 프랑스 등 선진국에서는 지하도시 계획을 수립하고 있다. 지하도시를 만들기 위해서는 먼저 에너지, 농작물, 생물 등의 성장에 반드시 필요한 태양빛을 지하 깊숙이 전달해야 하고, 지하도시 건설을 위한 건설 기술, 지상으로 가스와 열을 배출하는 환기 시스템, 환경 에너지를 이용하는 교통 시스템 등도 필요하다. 이러한 기술적 문제를 해결한다면 인구 과밀, 교통 혼잡, 환경오염, 녹지 부족 등의 문제가 없는 지하도시를 건설할 수 있다.

● **수천 년 전의 지하도시, 데린쿠유**

1965년 발견된 터키 데린쿠유 지하도시는 지하 17~18층 규모의 도시 전체가 미로 형태로 이루어졌으며 2만 명 정도가 생활한 것으로 알려진다. 내부에는 환기와 온도 조절을 위한 52개의 통풍구가 설치되어 있으며 북쪽으로 9㎞ 떨어진 다른 지하도시와 터널로 연결되어 있다. 이 지하도시는 6000~7000년 전 신석기 시대 사람들이 바위를 뚫고 살기 시작하면서 만들어져 초기 기독교 시대에는 박해를 피하는 은신처로 쓰였고, 이슬람, 몽골, 티무르 군이 침입했을 때는 피난처나 방어 보루로 이용되었다고 알려진다.

새로운 교통수단

미래 도시는 새로운 교통수단이 등장할 것이다. 현재 도시는 자동차 급증, 대기오염 등의 환경 문제로 몸살을 앓고 있다. 그러므로 미래는 친환경연료를 이용하는 자동차의 시대가 될 것이다. 대기오염 물질을 배출하지 않는 미래형 교통수단으로 전기자동차나 자기부상 자동차 등이 개발되고 있으며 영화 속에서나 볼 수 있었던 수준으로 교통 정보와 네트워크에 의해 움직일 수도 있다.

자동차와 함께 철도에 대한 발달과 관심도 증대될 것이다. 미래의 도시는 초고층건물의 등장과 정보의 고도화, 교통의 획기적인 발달로 3차원의 공간적 확장을 가져오게 될 것이다. 도시 간의 네트워크와 공간적 이동은 더욱 쉬워져 도시 활동의 경계가 사라질 수 있다.

또한, 아주 먼 미래가 될 수도 있지만 수직으로 움직이거나 건물 사이를 날아다니는 자동차나 교통수단이 등장할 수도 있다.

우주도시

미래에는 지구를 떠나 우주 공간이나 다른 행성에 도시를 건설할지도 모른다. 이미 우리는 수많은 인공위성을 만들고, 우주에 많은 행성이 존재한다는 것을 알고 있다. 미래에는 지구와는 다른 환경의 행성에 집을 짓고, 농장을 만들어 살 수도 있다. 우주도시가 현실이 되려면 무엇보다 기술적인 문제가 해결되어야 할 것이다. 필수적인 공기, 물, 식량 등의 공급이 가능하고 지구와 자유롭게 이동할 수 있는 교통수단이 개발된다면 우주 행성에 도시를 세우는 일도 가능해질 것이다.

03 환경, 도시의 미래

많은 환경학자들은 지구 환경이 많은 훼손으로 변화하고 있다고 한다. 특히, 기후 변화에 의한 자연재해는 갈수록 심해지고 있다. 온실 가스, 지구 온난화 등은 너무 자주 언급되어 그 위험성에 무감각해지고 있는 듯하다. 만약, 지구의 기온이 상승하여 북극과 남극의 얼음이 녹아 버린다면 도시는 어떻게 될 것인가?

영화 〈투모로우〉에는 지구 온난화의 영향으로 빙하가 녹아 30m 높이의 쓰나미가 맨해튼을 뒤덮고, 도쿄에 커다란 우박이 내리고, 뉴델리가 눈 속에 파묻히는 장면이 등장한다. 이러한 영화 속의 환경재앙이 미래에 나타나지 않으리란 보장이 없다.

그러므로 미래 도시는 환경 문제를 넘어 생태적 측면의 도시를 건설하려는 실험이 지속될 것이다. 현재 대도시 생활과 도시 문제에 대한 적극적인 대안의 형태로 나타날 가능성이 높다.

● 상상이 현실로, 두바이

"두바이에서 꿈을 꾸면, 아침에 그것이 신문에 나 있고, 1주일 후에는 그것이 실현된다는 말이 있습니다."

두바이 관광청(DTCM) 관계자의 말

두바이는 아랍에미리트 연방을 구성하는 7개국 중의 한 나라로 1969년 석유가 발견되기 전까지는 전통 목조선인 '도우'를 타고 진주조개를 잡던 한적한 어촌에 불과했다. 그러나 석유 수출로 두바이는 막대한 부를 쌓았다. 여기까지는 중동의 여느 나라와 비슷한 이야기일 것이다. 그러나 두바이는 1990년대 후반부터 다른 석유 수출 국가들과는 달리 투자자와 관광객을 유치하기 위한 미래 도시 건설을 추진하기 시작했다. 특히 셰이크 무하마드 국왕은 두바이를 세계적인 비즈니스와 관광의 중심지로 만들고자 두바이 개혁 프로젝트를 추진함으로써 전 세계의 관심을 모으고 있다. 물론, 두바이는 불안한 중동 정세, 급격한 도시화로 인한 교통 문제, 빈부 격차, 인위적 개발로 인한 환경오염 등의 문제에 당면하고 있다. 그러나 두바이는 분명 우리가 상상하지 못했던 진취적 노력을 하고 있다는 점에서 우리의 미래 도시 모습을 상상하는 데 도움이 된다.

1 팜 아일랜드
두바이 앞바다에 야자수 모양의 인공섬을 조성하는 사업으로 종합 관광 레저 타운을 건설하기 위한 프로젝트이다.

2 더 월드
세계 지도 모양의 인공섬으로 섬 안의 건축물 등은 소유주가 자유롭게 건설하도록 하고 있다. 이 사업으로 두바이의 해안선은 232 km로 늘어나게 된다.

3 두바이랜드
관광객 유치를 위한 세계 최대의 테마파크 프로젝트로 스키 시설, 공룡 테마파크, 물류 사업 프로젝트 등을 추진 중이다.

4 공룡 테마파크
두바이랜드에는 45개 테마로 구성된 쥐라기 공원이 조성된다.

5 하이드로폴리스
바다에 세워질 해저 호텔이다.

권용우

서울대학교 문리과대학 지리학과를 졸업하고, 서울대학교 대학원 지리학과 석사
및 박사과정에서 도시지리학을 전공하여 「서울주변지역의 교외화에 관한 연구」
로 박사학위를 취득하였다. 미국 미네소타 대학교 지리학과와 위스콘신 대학교
경영정보학과에서 객원교수를 지냈다. 『수도권공간연구』, 『도시의 이해』(공저) 등의
저서를 비롯하여 350여 편의 저작물을 발표했으며, 전 세계 60여 개국, 수백 개 도시를
학술 답사했다. 현재는 성신여자대학교 사회과학대학 지리학과 교수로 재직 중이다.

변병설

서울대학교 환경대학원에서 도시계획학 석사와 미국 펜실베니아 대학교에서 도시계획학
박사학위를 취득하였다. 한국환경정책평가연구원의 연구위원을 역임하였고, 현재
대한국토도시계획학회의 녹색성장연구위원회 위원장, 유엔지속가능발전교육 인천센터의
센터장이며 국토지리학회와 한국환경정책학회의 이사를 맡고 있다. 『국토와 환경』(공저)
등 다수의 저서를 발표하였다. 현재 인하대학교 사회과학대학 행정학과 교수로
재직하면서 도시계획과 도시환경계획을 강의하고 있다.

도시

1판 1쇄 찍은날 2011년 1월 10일　1판 1쇄 펴낸날 2011년 1월 17일

지은이 권용우·변병설

펴낸이 김영철　책임편집 이은파　편집 이진언

아트디렉팅 이인영　디자인 박정은, 양도아, 이진현　마케팅 김구경

펴낸곳 아지북스

출판등록 제300-2006-193호(2006년 7월 26일)

주소 서울특별시 종로구 신문로 2가 1-181

전화 02.3141.9901　전송 02.3141.9927　홈페이지 www.agibooks.co.kr

copyright ⓒ 권용우·변병설, 2011

ISBN 978-89-92505-17-8 03330